LIVRE-ATLAS

DES

Colonies Françaises

PAR MM.

G. MALLETERRE — P. LEGENDRE

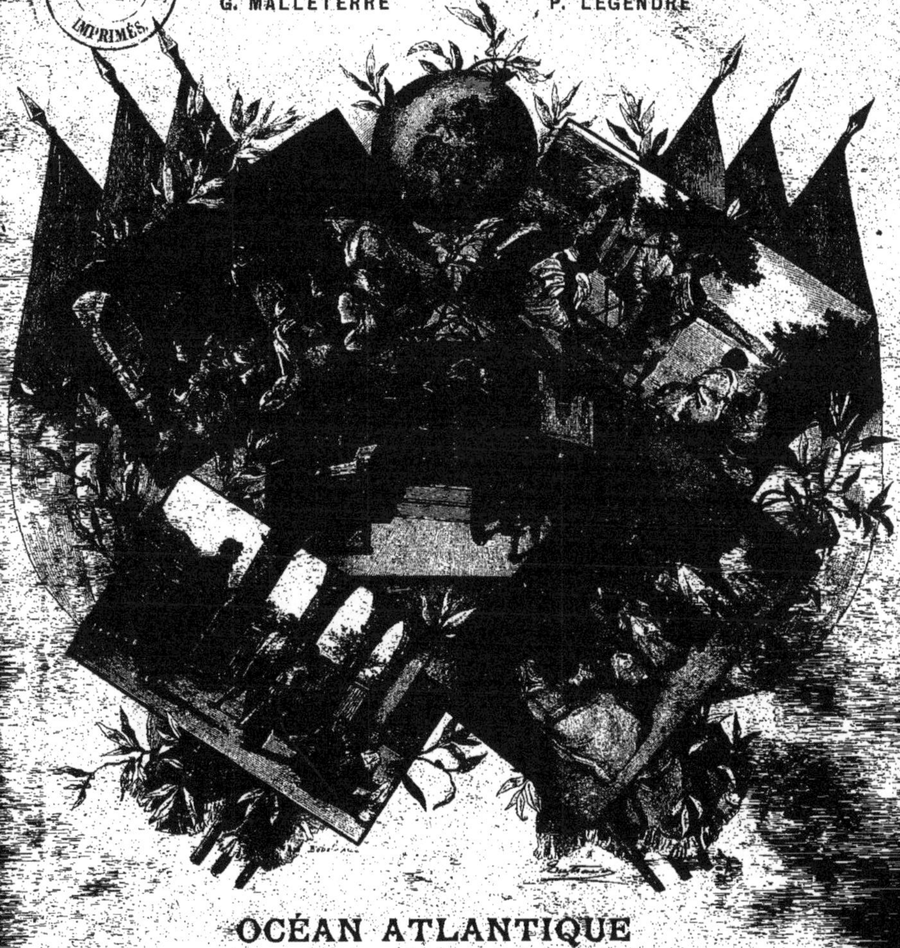

OCÉAN ATLANTIQUE

Paris. — Librairie CH. DELAGRAVE, 15, rue Soufflot

GRANDES VOIES DE COMMUNICATION ENTRE LA FRANCE ET SES COLONIES

GRANDES ROUTES MARITIMES

Les communications entre la France et ses colonies sont établies par des lignes de paquebots qui desservent aussi les ports les plus importants des différentes parties du monde.

Deux compagnies principales, la *Compagnie des Messageries maritimes* et la *Compagnie générale transatlantique*, reçoivent des subventions de l'État et sont chargées des services postaux.

Les principales directions de navigation sont les suivantes :

1º Route des mers de la Chine et du Japon.
(*Messageries maritimes.*)
De Marseille à :

Alexandrie	5 jours.
Suez	7 —
Aden	11 —
Colombo (Ceylan)	19 —
Singapour	25 —
Saïgon (Cochinchine)	28 —
Hong-kong	33 —
Changhaï (Chine)	37 —
Yokohama (Japon)	42 —

Avec services annexes :

De Colombo à **Pondichéry** (Indes)	2 jours.
De Saïgon à **Haïphong** (Tonkin)	4 —

2º Route d'Australie et de Nouvelle-Calédonie.
(*Messageries maritimes.*)
De Marseille à :

Suez	7 jours.
Aden	11 —

(avec escale possible à Djibouti,)

Mahé (Seychelles)	17 jours.
Melbourne	35 —
Sydney	38 —
Nouméa (Nouvelle-Calédonie)	43 —

Avec services annexes :

De Mahé à **Saint-Denis** (Réunion)	4 jours.
De Saint-Denis à **Diego-Suarès** (Madagascar)	5 —
Et aux **Comores**	7 —

3º Route de l'Amérique du Nord.
(*Compagnie générale transatlantique.*)

Du Havre à New-York	7 à 8 jours.

Avec service annexe pour **Saint-Pierre** et **Miquelon**.

4º Route des Antilles et de l'Amérique centrale.
(*Compagnie générale transatlantique.*)
De Saint-Nazaire à :

la Guadeloupe	13 jours.
la Martinique	14 —
Colon (isthme de Panama)	20 —

Avec service annexe :

De la Martinique à Cayenne	6 jours.

5º Route des côtes occidentales d'Afrique et de l'Amérique du Sud.
De Bordeaux à :

Dakar (Sénégal)	7 jours.
Rio-de-Janeiro	16 —
Buenos-Aires	21 —

Avec services annexes de **Dakar** :
Aux comptoirs de la côte de Guinée : **Konakry**, **Grand-Bassam** et **Kotonou**.
Au **Gabon** et à **Pointe Noire** (Congo français).

LIGNES TÉLÉGRAPHIQUES PRINCIPALES

Des lignes télégraphiques terrestres et des câbles sous-marins mettent en communication rapide tous les points importants du globe.

De l'**Extrême-Orient**, c'est à-dire du Japon et de la Chine, on peut envoyer un télégramme en France, par plusieurs directions :

1º Par le télégraphe de Sibérie allant de Vladivostok à Saint-Pétersbourg et à Paris ;

2º Par le câble sous-marin des côtes de Chine et ses annexes de **Cochinchine**, en prenant par l'Inde et la Perse, ou par le golfe Persique et l'Asie Mineure.

De **Melbourne** et de **Sydney**, on communique avec la France par une ligne télégraphique qui traverse les déserts de l'Australie et rejoint à Singapour la ligne de l'Extrême-Orient.

Entre la **France** et l'**Angleterre**, d'une part, et l'**Amérique du Nord**, de l'autre, il y a sept câbles sous-marins qui assurent des communications multiples :

1º avec toute l'Amérique du Nord ;

2º avec les **Antilles** ;

3º avec les côtes orientale et occidentale de l'Amérique du Sud.

Entre la **France** et l'**Afrique** on a :

1º Les câbles entre la France et l'Algérie, prolongés par les lignes terrestres jusqu'aux postes français les plus avancés du sud ;

2º Deux câbles partant du Portugal rejoignent le **Sénégal** : 1º par Ténérife, à **Saint-Louis** ; 2º par les îles du Cap-Vert, à **Dakar**.

Ces câbles se prolongent d'une part sur les côtes occidentales de l'Afrique ; de l'autre, sur les côtes occidentales de l'Amérique du Sud ;

3º Les câbles des côtes orientales d'Afrique, qui relient Suez avec Aden, **Djibouti**, Zanzibar, **Madagascar**, la **Réunion**, le Cap, etc.

De nouveaux câbles français seront posés prochainement pour relier Madagascar et les colonies de l'océan Pacifique à la France.

CHEMINS DE FER

La capitale de la France, **Paris**, est réunie aux capitales des États de l'Europe et avec les ports principaux de la France et de l'Europe.

Pour aller de France en Asie, il faut traverser la Russie d'Europe, franchir le Caucase et prendre à Tiflis le **chemin de fer Transcaspien** qui se termine à Samarkand.

Un chemin de fer appelé **Transsibérien** est en construction à travers la Sibérie jusqu'à l'océan Pacifique. Il sera achevé dans deux ou trois ans et réunira l'Europe à la Chine orientale.

Plusieurs chemins de fer traversent le continent américain entre les côtes de l'Atlantique et celles du Pacifique. De New-York à San Francisco, le trajet s'effectue en 5 jours 1/2.

Enfin, des projets ont été faits pour relier l'Algérie à Timbouktou et au lac Tchad par un chemin de fer transsaharien qui traverserait tout le grand désert du Sahara.

D'autres lignes sont en construction ou en projet pour réunir les ports de la côte de l'Afrique occidentale française et les territoires du Soudan.

LIVRE=ATLAS

des

Colonies Françaises

À l'usage de l'Enseignement des Colonies

par

G. MALLETERRE et P. LEGENDRE

Professeur
à l'École Supérieure de Guerre

Professeur de l'Université
Ancien chef du secrétariat de l'Alliance française

Colonies de l'Océan Atlantique

Saint-Pierre et Miquelon — Le French Shore (Terre-Neuve)
LES ANTILLES
(Guadeloupe, Martinique, Les Saintes, La Désirade, Saint-Martin, Saint-Barthélemy)
LA GUYANE

PARIS
Librairie Ch. Delagrave
15, rue Soufflot, 15

PRÉFACE

La conquête du monde par la civilisation européenne s'est achevée avec le XIXe siècle. Il n'y a pas de tribu si reculée qui n'en ait senti le rayonnement et, à part les solitudes inhabitables des pôles, il n'y a plus sur le globe une région inexplorée.

Tandis que leur outillage moderne de guerre a permis aux Occidentaux de pénétrer jusqu'aux centres, précédemment inaccessibles, des continents de l'Asie et de l'Afrique et d'y briser les résistances fanatiques ou brutales, leurs navires sillonnent les mers les plus lointaines, et le réseau des fils dont ils ont enveloppé le Monde porte instantanément, jusqu'à ses extrémités, la pensée et la volonté des races supérieures.

Après la conquête armée, s'ouvre maintenant l'ère de l'exploitation pacifique des terres nouvelles et commence l'éducation morale des populations récemment amenées dans l'orbe de la culture occidentale.

Aux siècles précédents, la prise de possession du Nouveau-Monde eut pour conséquence l'asservissement ou l'anéantissement des populations indigènes, trop faibles pour résister ou trop réfractaires pour se plier à un joug. Les premiers conquérants se ruèrent, avec une âpreté d'aventuriers, sur les beaux pays de l'Amérique tropicale; ils en épuisèrent les richesses sans souci de l'avenir et, lorsque les populations eurent succombé et disparu, ils comblèrent les vides par le hideux esclavage, par l'importation régulière et continue des travailleurs africains.

Plus au nord, sous les climats auxquels pouvait s'adapter la main-d'œuvre des cultivateurs et des artisans européens, l'envahisseur repoussa devant lui l'Indien dont le contact lui répugnait; il le déposséda et se substitua à lui.

A l'époque moderne, les mœurs colonisatrices se sont modifiées. C'est l'honneur de notre siècle d'avoir poursuivi et réalisé l'affranchissement de l'esclave et d'avoir posé le principe du respect de la liberté humaine. La conception de l'expansion coloniale s'est transformée.

La colonie n'est plus un domaine à pressurer, dont on risquait inconsidérément de tarir les ressources d'avenir, par une exploitation excessive du sol et de la race. On lui reconnaît des droits.

Nos vieilles colonies françaises ne sont aujourd'hui que des départements plus éloignés, partie intégrante de la patrie française, gouvernés par les mêmes lois et dont tous les habitants, quelles que soient leur origine et leur couleur, jouissent des mêmes privilèges.

Quant aux pays nouvellement placés sous la tutelle française, ils sont, pour la plupart, pays de protectorat, et ce mot n'est pas un simple vocable administratif; il indique bien que ces pays sont protégés, c'est-à-dire que la France prend la charge et se réserve d'en diriger le développement industriel et commercial, en leur conservant, autant que possible, le régime politique convenant aux mœurs et aux traditions des habitants. Avec une générosité, qui, parfois même, n'est pas assez calculée, elle y verse son sang et ses trésors. Elle a le souci d'amener les populations à elle et de les conduire vers un état social meilleur, de solliciter leur activité, et de faire concourir leurs forces au progrès général.

D'autres peuples, par d'autres moyens, obtiennent d'autres résultats, — plus pratiques, disent les uns. — La France, quant à elle, obéit au génie qui lui est propre, et l'on voit, d'ailleurs, comment, sous son action, se sont transformés l'Algérie et la Tunisie, l'Indo-Chine et Madagascar.

Si la France se montre préoccupée de faire aimer sa domination autant que de faire respecter sa puissance; si elle considère, suivant une noble expression, les peuples qu'elle commande comme des frères plus jeunes, dont elle est jalouse de faire l'éducation, la place qu'elle a acquise dans le monde par la vaillance de ses soldats, par le dévouement de ses missionnaires, par l'intelligence de ses ingénieurs, de ses industriels et de ses commerçants, par le rayonnement de la pensée de ses artistes, de ses philosophes et de ses savants, est assez belle pour qu'elle n'ait à souffrir d'aucune comparaison. Ce sont, en effet, les meilleurs de ses enfants qui s'emploient à cette tâche glorieuse de l'expansion de la Patrie et du progrès de l'Humanité.

Sa main est ordinairement douce. Il entre plus de dévouement que de crainte dans l'obéissance qu'elle obtient. Sous son influence, le noir inerte devient un serviteur docile dont la force physique s'applique à un travail utile; le bandit soudanais, un combattant discipliné dont le mépris de la vie se transforme en vaillance héroïque. De l'Asiatique souple et avisé, elle fait un soldat alerte ou un intelligent auxiliaire de commerce. Partout, elle met heureusement en œuvre le concours de l'indigène, soit pour consolider sa domination, soit pour en aider le développement.

Le missionnaire et le soldat, qui ont été les premiers pionniers de la conquête morale et matérielle, deviennent aussi les premiers instituteurs. A côté de la chapelle, mais aussi à côté du campement, s'ouvrent bientôt l'hospice et l'école, et la religieuse se hâte d'y apporter son doux zèle que rien ne rebute et dont elle n'attend aucune récompense terrestre. — Tels sont les précieux agents de l'expansion française ! — L'homme de négoce n'arrivera qu'après eux, un peu trop lentement, trop hésitant peut-être, car son action est indispensable pour donner la vie à la matière en lui donnant le mouvement. Quoi qu'il en soit, l'instituteur doit toujours le précéder afin de lui préparer ses intermédiaires commerciaux, ses interprètes, ses commis, et même ses agents des chemins de fer et des télégraphes, ses contremaîtres de manufactures et de travaux.

C'est donc l'école qui doit appeler tout d'abord l'intérêt de l'administrateur vigilant. Mais l'école ne peut s'improviser. Avoir le maître et l'élève ne suffit pas ; il faut leur procurer les outils d'enseignement et de travail, le livre qui apprend la langue, la carte qui montre les routes, révèle le monde et en fait comprendre l'équilibre. Il faudrait aussi que le livre et la carte fussent préparés spécialement et bien adaptés aux intelligences auxquelles ils sont destinés. Prétendre instruire un jeune noir ou un petit jaune avec les méthodes qui conviennent à l'enfant blanc, dont l'esprit est façonné par un long atavisme, c'est presque sûrement aller au-devant d'un insuccès. Il faudrait donc des livres pour les écoles d'Afrique ; il en faudrait d'autres pour les écoles d'Asie.

Le moment est venu de se mettre sérieusement à cette tâche, aussi sommes-nous heureux de saluer ce premier essai d'un **Livre-Atlas** à *l'usage de l'enseignement des colonies*, non pas de toutes les colonies indistinctement, mais à l'usage de chacune d'elles.

Ce que toutes doivent connaître, c'est la **France**, sa place et son rôle dans le **monde**.

L'exposé sommaire de la géographie de la France et de l'Europe formera donc la partie commune à tous, le lien qui rattachera, les uns aux autres, le Français du nord au Français des tropiques, l'écolier noir du Sénégal à l'Annamite et au Tonkinois de race jaune, le Malgache de teint foncé au créole des îles françaises.

Chacun trouvera ensuite ce qui lui convient plus particulièrement dans des fascicules séparés dont les titres suffisent à indiquer l'objet.

C'est donc une œuvre complète que la librairie Delagrave a conçue et menée à bonne fin, grâce aux collaborations distinguées dont elle a eu le concours. Nous ne mettons pas en doute son succès.

Avril 1900.

Général Niox.

Partie commune : L'Europe. — L'Asie. — L'Afrique. — L'Amérique. — L'Océanie. — La **France** et ses colonies.

Fascicules spéciaux.

1° Colonies de l'Océan Indien :
Madagascar et dépendances. — Réunion. — Côte des Somali. — Établissements de l'Inde.

2° Colonies d'Extrême-Orient :
Indo-Chine. — Concessions de Chine.

3° Colonies de l'Océan Pacifique :
Nouvelle-Calédonie et dépendances. — Établissements français d'Océanie.

4° Colonies de la mer Méditerranée :
Algérie et Tunisie. — Écoles françaises du Levant.

5° Colonies de l'Afrique occidentale et centrale :
Sénégal et Soudan. — Côte de Guinée et Dahomey. — Congo et lac Tchad.

6° Colonies de l'Océan Atlantique :
Saint-Pierre et Miquelon. — Pêcheries de Terre-Neuve. — Antilles. — Guyane.

Ce livre-atlas est le livre personnel de l'élève. Le maître doit avoir, en outre, à sa disposition, pour l'enseignement par les yeux, des cartes de chaque pays, claires et facilement maniables. Cette collection lui a été préparée et la série s'en augmente successivement :

Petites cartes murales en couleurs, de 1 mètre sur 1m,25. — Prix : **3 fr. 75** (Montées sur œillets et rouleau). Avec carte muette au verso, 4 fr. 50 (*).

*Ancien Monde (*Europe, Asie, Afrique*).*	*France physique.*	*Europe physique.*	**Algérie et Tunisie.
*Nouveau Monde (*Amérique, Océanie*).*	*France (*Région du Nord*).*	*Asie.	**Colonies françaises (*Sénégal, Soudan, Indo-Chine*).
**Europe politique.	*France (*Région du Sud-Ouest*).*	*Afrique.	Indo-Chine.
**France politique.	**France (*Région du Sud-Est*).*	*Amérique du Nord.	Madagascar.
	**France (*Région du Nord-Est*).*	*Amérique du Sud.	

Les mêmes cartes avec illustrations de scènes militaires. Prix : **6 fr. 75** (**).

LES COLONIES DE L'OCÉAN ATLANTIQUE

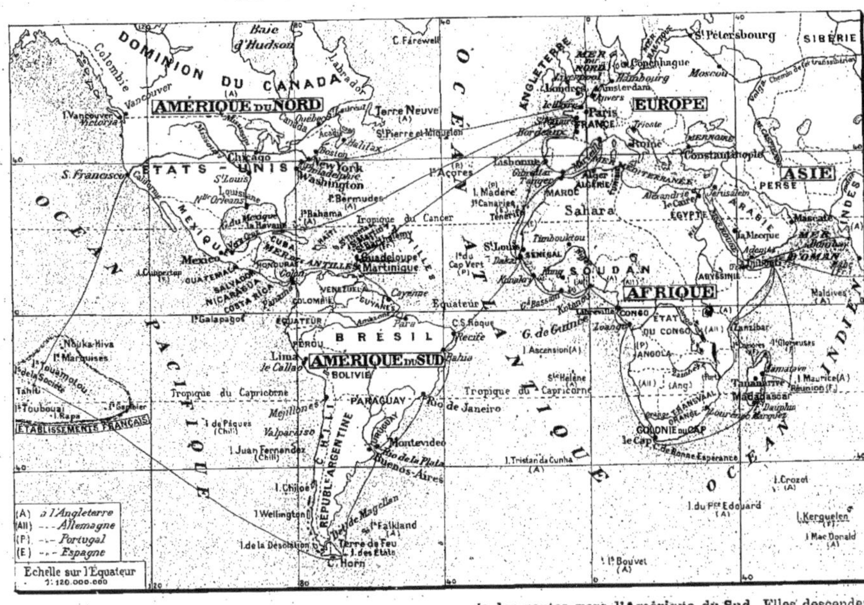

L'OCÉAN ATLANTIQUE

L'océan **Atlantique** s'étend entre l'Europe, l'Afrique et l'Amérique.

Il se termine, au nord, par l'océan glacial du **Nord**. Les énormes amas de glaces, qui couvrent les terres polaires du nord, empêchent de passer de l'océan Atlantique dans l'océan Pacifique par le nord de l'Amérique ou par le nord de l'Europe et de l'Asie.

Au sud, l'océan Atlantique se termine à l'**océan glacial du Sud**. Mais entre les glaces du pôle Sud et les pointes extrêmes de l'Amérique (**cap Horn**), et de l'Afrique (**cap de Bonne-Espérance**), il y a une grande distance, et on peut passer de l'océan Atlantique : 1° dans l'océan Pacifique en tournant le cap Horn ; 2° dans l'océan Indien en tournant le cap de Bonne-Espérance.

L'océan Atlantique communique avec la mer Méditerranée par le **détroit de Gibraltar**.

L'océan Atlantique est très profond.

Les principales routes maritimes qui le traversent sont :

1° **les routes vers l'Afrique**. Elles descendent droit au sud, longent les côtes occidentales de l'Afrique, jusqu'au cap de Bonne-Espérance ;

2° **les routes vers l'Amérique du Nord (États-Unis et Canada)**. Elles traversent l'océan Atlantique dans la région tempérée, et sont les plus fréquentées du monde, car elles réunissent l'Europe aux riches contrées de l'Amérique du Nord ;

3° **les routes vers les îles Antilles et l'Amérique centrale (Mexique, golfe du Mexique et mer des Antilles)**. Elles traversent une des parties les plus chaudes et les plus tourmentées de l'océan Atlantique ; le commerce, qui s'y fait, est cependant très important ;

4° **les routes vers l'Amérique du Sud**. Elles descendent vers le sud-ouest, traversent la partie la plus étroite de l'océan Atlantique, entre le cap **Vert** (Afrique) et le cap **San-Roque** (Amérique), longent les côtes orientales de l'Amérique du Sud, et, après avoir tourné le **cap Horn** ou passé le **détroit de Magellan**, elles pénètrent dans l'océan Pacifique.

Les grands ports européens de l'océan Atlantique sont :
Londres, Liverpool, Glasgow, ports anglais ;
Hambourg, Brême, ports allemands ;
Amsterdam, port hollandais ;
Anvers, port de Belgique ;
Lisbonne, port du Portugal ;
le **Havre, Saint-Malo, Brest, Nantes, Saint-Nazaire, La Palice, Bordeaux**, *ports français* ;

Les grands ports américains sont :
au Canada : **Halifax, Montréal** ;
aux États-Unis : **New-York, Boston, Philadelphie, Baltimore, la Nouvelle-Orléans** ;
au Mexique : la **Vera-Cruz** ;
aux Antilles : la **Havane, la Pointe-à-Pitre** ;
dans l'Amérique du Sud : **Rio-de-Janeiro, Montevideo, Buenos-Ayres**.

Les ports africains sont :
Tanger (Maroc), **Saint-Louis, Dakar, Kotonou, Loango** (à la France), **Lagos, Le Cap** (à l'Angleterre).

La France a d'importantes colonies dans les pays baignés par l'océan Atlantique, ce sont :
1° **les colonies d'Amérique**.
2° **les possessions de l'Afrique occidentale et centrale**[1] ;

---

1. V. Livre-Atlas particulier des colonies de l'Afrique française.

LES COLONIES FRANÇAISES D'AMÉRIQUE

La France possède en Amérique :

1º les îles de **Saint-Pierre** et **Miquelon**, avec des droits de pêche sur les bancs de **Terre-Neuve**.

2º dans les Antilles, les îles de la **Martinique**, de la **Guadeloupe**, avec leurs dépendances : les **Saintes**, la **Désirade**, **Marie-Galante**, **Saint-Barthélemy**, **Saint-Martin**;

3º la **Guyane française**;

La France a possédé autrefois, dans cette partie du monde, un domaine colonial très important, qui comprenait :

le **bassin du Saint-Laurent** ou **Canada**, avec l'Acadie et Terre-Neuve;

le **bassin du Mississipi** ou **Louisiane**;

une **partie des Antilles** et la Guyane.

Elle a perdu le Canada et la Louisiane à la suite des grandes guerres qu'elle a soutenues contre l'Angleterre au XVIIIᵉ et au XIXᵉ siècles. Mais le Canada a conservé dans sa population le type, la langue et le caractère français.

L'histoire sommaire de la colonisation française en Amérique doit, par conséquent, avoir sa place dans l'enseignement de la jeunesse coloniale française.

RÉSUMÉ HISTORIQUE

Amérique du Nord. — Les pêcheurs français, bretons, basques et normands naviguaient déjà sur l'océan Atlantique, avant même que Christophe Colomb eût commencé les voyages qui aboutirent à la découverte de l'Amérique. Non seulement ces marins avaient établi des comptoirs sur les côtes d'Afrique, mais, remontant au Nord, ils allaient pêcher dans les mers poissonneuses des environs de Terre-Neuve.

Plusieurs d'entre eux reconnurent les côtes de l'Amérique du Nord vers le Saint-Laurent, bien avant *Cabot*, qui passe pour y avoir abordé le premier en 1494.

En 1506, un Français, *Jean Denis*, de Honfleur, fit une carte d'une partie du golfe de Saint-Laurent, et en 1508, un marin dieppois, *Aubert*, ramena un sauvage du Canada.

Le *premier établissement français date de* 1518.

Le *baron de Léry* essaya de fonder une colonie à l'**île du Diable**. Pendant ce temps des marins bretons installaient leurs pêcheries à l'île du **Cap Breton**.

En 1524, le roi de France, François Iᵉʳ, envoya *Verazzano* reconnaître les terres nouvellement découvertes dans l'Amérique du Nord. Verazzano suivit le littoral depuis la **Floride** jusqu'à **Cap Breton** et en prit possession, au nom du roi de France.

Dix ans après (1534), *Jacques Cartier*, marin de Saint-Malo, envoyé également par François Iᵉʳ, reconnut **Terre-Neuve**, y planta le pavillon français, et remonta le **Saint-Laurent** jusqu'au village indien de *Hochelaga*, aujourd'hui Montréal.

En 1540, un essai de colonisation fut tenté à **France-Roy**, aujourd'hui Québec, puis à Cap Breton.

En 1578, il y avait 150 navires français pêchant dans les parages de Terre-Neuve.

Jusqu'à la fin du XVIᵉ siècle, le **Canada**, qu'on appelait la **Nouvelle-France**, fut fréquenté par des explorateurs et des commerçants en pelleteries.

En 1604, la première ville française de l'Amérique, **Port-Royal**, fut fondée en **Acadie**.

C'est alors que *Champlain*, un des plus illustres colonisateurs français, occupa définitivement le Canada et fonda **Québec** (1608); il fut le premier gouverneur du Canada.

Mais déjà la guerre était commencée avec les Anglais, qui, eux aussi, fondaient des colonies à Terre-Neuve et sur la côte de l'Amérique du Nord. Québec et Port-Royal furent pris et repris, les tribus sauvages combattirent les unes du côté des Anglais, les autres du côté des Français.

Cette lutte dura cent cinquante ans.

Pendant ce temps, un autre Français, un grand explorateur, *Cavelier de la Salle*, descendait le **Mississipi**, et faisait hommage du bassin de ce grand fleuve au roi Louis XIV, en l'appelant **Louisiane** (1682).

En 1720, la ville de **Louisbourg** fut fondée dans l'île du Cap Breton.

De 1736 à 1743, *La Verandrye* explora tout l'immense territoire au nord du Saint-Laurent et des Grands Lacs, et reconnut les **Montagnes Rocheuses**.

La France, qui avait à soutenir en Europe des guerres continuelles, ne put venir en aide aux Français du Canada. En 1763, elle dut céder le Canada aux Anglais malgré l'héroïque résistance de *Montcalm*.

Elle céda aussi la Louisiane à l'Espagne. Les Français y avaient fondé la **Nouvelle-Orléans** en 1717. La Louisiane fut rendue à la France en 1800, mais Napoléon la vendit aux États-Unis.

Antilles. — Pendant que des Français s'établissaient dans l'Amérique du Nord, d'autres se portaient vers les Antilles et l'Amérique du Sud.

L'île de la Tortue devint le centre des entreprises des célèbres *flibustiers* français.

La *compagnie française des Indes* possédait en 1668 : la **Guadeloupe** et ses dépendances, la **Martinique, Sainte-Lucie, Grenade, Saint-Christophe, Saint-Barthélemy, Sainte-Croix**, la **Tortue**.

En même temps les Français, luttant contre les Anglais, s'emparaient de **Antigoa, Tabago** et **Montserrat**.

Saint-Domingue (Haïti), était occupée en 1670.

A cette époque la France possédait donc la plus grande partie des Antilles, et le commerce de ces îles avec la métropole devint très florissant. De nombreux Français s'y établirent et y fondèrent les familles créoles.

Les guerres coloniales avec l'Angleterre eurent leur contre-coup sur les Antilles, et la France les perdit peu à peu.

En 1804, les noirs de Saint-Domingue proclamèrent l'indépendance de l'île, qui fut reconnue par la France en 1825, moyennant une indemnité de 60 millions.

En 1815, les Anglais rendirent à la France les îles des Antilles, qu'elle possède actuellement. Mais, dans les îles gardées par l'Angleterre, la langue et le type français se sont conservés.

Amérique du Sud. — Dans l'Amérique du Sud, les Français n'ont eu aucun établissement fixe. Cependant des marins français touchèrent aux côtes du Brésil : *Jean Cousin*, et de *Gonneville* en 1504, *Parmentier* en 1526.

En 1555, *Villegagnon* conduisit 200 protestants français dans une île, près de Rio de Janeiro, qu'il appela **île Coligny**. Cette entreprise ne réussit pas.

Poncet de Brétigny fonda Cayenne en 1643.

Enfin, en 1711, *Duguay-Trouin*, amiral de France, s'empara momentanément de Rio de Janeiro, la capitale du Brésil.

SAINT-PIERRE ET MIQUELON

Saint-Pierre et Miquelon sont deux îles, situées à 16 kilomètres au sud de la côte de Terre-Neuve, à 4,000 kilomètres
de Brest. Leur superficie est d'environ 235 kilomètres carrés.

Reconnues en 1591, elles faisaient partie au XVII siècle, avec
Terre-Neuve, du gouvernement du Canada. Elles sont restées
à la France, comme témoins de son ancienne puissance coloniale, avec les droits de pêche sur les bancs de Terre-Neuve.

SAINT-PIERRE

L'île Saint-Pierre est située au sud-est de Langlade, dont elle
n'est séparée que par un canal, dit *la Baie*, de 5 kilomètres
de largeur et d'une traversée très dangereuse.

Elle est montueuse dans la partie septentrionale, basse et
semée d'étangs dans la partie méridionale; sa superficie est
de 2,600 hectares. L'île est infertile.

Le rivage est très découpé et présente: au sud, les *anses du
Savoyard et de Ravenel*; à l'est, la belle **rade de Saint-Pierre**,
où vient s'abriter en sécurité toute la flotte de pêche qui fréquente ces parages en été.

La côte orientale est bordée d'une grande quantité d'îlots; les
plus importants sont ceux du *grand* et du *petit Colombier*, l'*île
aux Chiens*, qui ferme la rade de Saint-Pierre, l'*île aux Pigeons*,
le *Diamant*, etc...

LES MIQUELON

L'île Miquelon, distante de la côte sud de Terre-Neuve de
25 kilomètres, comprend deux îles distinctes, d'un relief tourmenté et irrégulier: la *Grande-Miquelon* au nord, et la *Petite-
Miquelon* ou île *Langlade* au sud.

D'une superficie totale de 18,423 hectares, elles sont reliées
par une dune de 10 kilomètres de long, formée d'amoncelle-
ments coniques de sable, appelés *Buttereaux de Langlade*.

Le sol de la Grande-Miquelon est raviné, peu fertile, coupé
d'étangs et de tourbières : *Petit* et *Grand Barachois*, étangs
du *Chapeau* et de *Mirande*.

La rivière de *Mirande* fournit de l'eau douce à la Grande-
Miquelon.

L'anse de Miquelon est le seul mouillage ouvert aux bateaux.

La Petite-Miquelon ou Langlade a, au contraire, une assez
bonne rade formée par l'*anse du Sud-Ouest*. La *Grande-Rivière*
et la *Rivière aux Soldats* fournissent de l'eau aux 7 fermes qui
se partagent son territoire.

Notes politiques et statistiques

Gouvernement et administration. — Le chef-lieu de
la colonie est **Saint-Pierre**, située au fond de la baie du même
nom.

Simple bourgade en 1816, elle est devenue une ville très
importante, couvrant un espace de 90 hectares. Centre d'appro-
visionnement de pêche, elle présente pendant la saison un
mouvement et une animation considérables. Fréquemment
brûlée, elle a remplacé en 1879 ses huttes de bois par des maisons de pierre.

En dehors des fonctionnaires et négociants, dont le nombre
ne dépasse pas 2,000, elle compte en été plus de 20,000 habitants.

Les autres communes de la colonie sont : *Miquelon, Langlade* et l'*île aux Chiens*.

Les îles Saint-Pierre et Miquelon sont administrées par un
gouverneur, institué par décret de septembre 1887.

Le gouverneur a sous ses ordres : un chef du service de
l'intérieur, un chef du service judiciaire, un chef du service
administratif qui représente surtout l'autorité maritime.

Un *conseil général* de 13 membres a été institué par décret
du 2 avril 1885.

Une *commission coloniale* date de la même époque et se
réunit une fois par mois.

La colonie n'a ni député ni sénateur; elle est représentée
à Paris par un délégué qui siège au Conseil supérieur des
Colonies.

Saint-Pierre est le siège d'un *Tribunal* qui forme *Cour
d'appel* et *Tribunal criminel*. Il est composé d'un juge président et de deux officiers du commissariat maritime. Le Procureur de la République est chef du service judiciaire.

Il y a deux *Justices de paix*, l'une à Saint-Pierre, l'autre à
Miquelon. Saint-Pierre possède en outre un Tribunal de commerce.

Saint-Pierre a un collège. Une école communale est ou-
verte dans chacune des communes de l'île. Une bibliothèque
assez bien pourvue a été installée dans l'hôtel du gouvernement.

Une petite garnison de disciplinaires est chargée de la
police et des honneurs. Un navire de guerre, préposé à la sur-
veillance de la pêche, croise pendant la saison dans les eaux
de Saint-Pierre et du French shore.

Climat et hygiène. — Le climat de cette colonie est
assez rude. La température moyenne est de 5°. L'été est sans
chaleur et les froids de l'hiver atteignent jusqu'à — 18° centi-
grades.

Une humidité excessive et malsaine y règne, provenant
des brumes qui enveloppent toute la région, principalement en
mai, juin et juillet. En hiver, les *poudrins* (tempêtes de neige)
rendent toute sortie presque impossible, quelquefois pendant
une semaine. Le scorbut est une maladie fréquente parmi les
pauvres populations de pêcheurs qui hivernent dans le pays.

Productions du sol. — Les ressources agricoles de Saint-
Pierre et Miquelon sont de très peu d'importance; la végétation est contrariée par l'aridité du sol humide et tourbeux et par
les vents du large. Toutefois, dans les jardins artificiels enfermés

entre des levées de terres, la plupart des légumes de France parviennent à pousser. Les arbres fruitiers sont une exception.

Dans la Petite-Miquelon le sol est plus fertile, et l'île est couverte de pâturages et de bois. Mais les céréales n'y croissent pas. Une sorte de pin, le *spruce*, sert à fabriquer une bière dite *sapinette*, la boisson des habitants.

La colonie prend ses blés au Canada.

Le lapin et le gibier de mer sont abondants.

Industrie et commerce. — La pêche à la morue constitue la richesse de la colonie. C'est une industrie considérable qui a pour territoire d'exploitation tout le **banc de Terre-Neuve**.

Cette pêche extrêmement rémunératrice fut, jusqu'au xviiᵉ siècle, pratiquée principalement par les bateaux-barques de Saint-Jean-de-Luz, puis de Bayonne.

Les ports bretons et normands fournissent maintenant le plus grand nombre de bateaux à cette pêche. Leurs principaux ports d'attache sont : Paimpol, Saint-Malo, Granville, Dieppe et Boulogne.

On arme annuellement aux îles environ 200 goélettes [1] pour la grande pêche et 500 pour la petite pêche. La France arme environ tous les ans 100 goélettes.

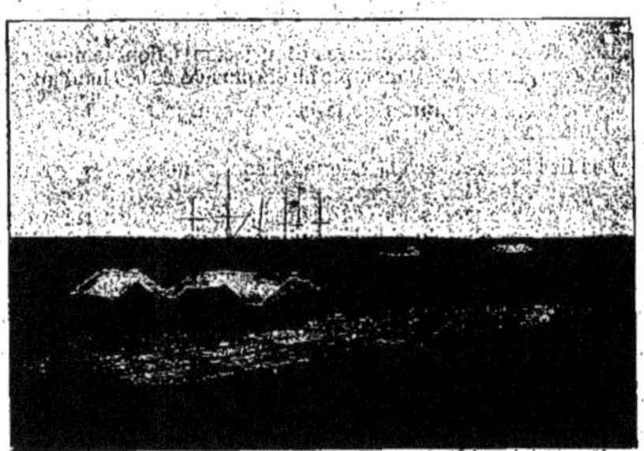

VIEUX PORT (TERRE-NEUVE)

Les pêcheries de Terre-Neuve fournissent une moyenne annuelle de 15 millions de kilos de morue, représentant une valeur de 6 millions de francs.

A la pêche se rattachent les industries diverses qui lui prêtent leur concours : corderie, tonnellerie, construction maritime, etc.

De plus, à Miquelon ont été ouvertes des exploitations d'ocre de sienne et de schistes ardoisiers d'une belle qualité.

Les *exportations* totales de la colonie s'élèvent à près de 20 millions ; les *importations* totales à environ 14 millions.

---

1. La goélette est l'expression de l'armement pour Terre-Neuve. Ce sont des embarcations de 40 à 130 tonneaux qui coûtent avec leur armement de 25,000 à 70,000 francs environ et sont montées par un équipage de 15 à 30 hommes. Les goélettes portent avec elles des « doris », petites embarcations légères, à fond plat, qui résistent aux plus violentes tempêtes.

La saison de pêche va du mois d'avril au mois de novembre.

Pour prendre la morue, les pêcheurs se servent de la ligne à main, dite *palangre*, et de la *senne*, filet de 200 mètres de long sur 3 de hauteur. Pour amorcer les palangres, on emploie différents appâts appelés *boëtte* (hareng, capelan, encornet) et qui varient suivant les saisons. La boëtte se paie assez cher ; elle est fournie par les Anglais de Terre-Neuve.

Les navires armés en France pour Terre-Neuve se rendent directement sur les lieux de pêche : ceux avec sècherie mouillent dans le havre qui leur est destiné et l'équipage s'établit à terre près d'un « chaffaud », établissement composé de cabanes et d'échafaudages.

Moyens de communication. — L'île Miquelon et l'île Saint-Pierre sont reliées entre elles par un service régulier à vapeur.

Un service de bateaux existe entre Halifax et Saint-Pierre (compagnie anglaise depuis 1884). Un autre service relie à plus longs intervalles Saint-Pierre et Saint-Jean-de-Terre-Neuve.

La colonie est reliée à la métropole par correspondance d'Halifax et Saint-Jean-de-Terre-Neuve avec les services de la Compagnie française transatlantique et des paquebots anglais de Liverpool.

La correspondance télégraphique est taxée à 1 fr. 25 le mot.

Conclusion. — Saint-Pierre et Miquelon constituent simplement un centre commercial.

Si nos droits sur le French Shore sont définitivement consacrés, l'industrie basée sur la grande pêche pourra trouver de nouveaux débouchés. Toutefois les succursales de grandes maisons poissonnières pourront seules rivaliser avec les établissements analogues anglais.

En résumé, malgré son triste climat, cette colonie constitue une possession utile à la métropole et elle assure l'existence à une très intéressante population de nos côtes françaises.

LE FRENCH SHORE (TERRE-NEUVE)

Au xviᵉ siècle, les pêcheurs français et anglais s'étaient établis en même temps sur les côtes de Terre-Neuve. Terre-Neuve fut compris quelque temps dans le gouvernement du Canada, mais en 1713, la France la céda à l'Angleterre, en même temps que l'Acadie.

Elle garda seulement le droit de pêche avec « *chaffauds* », c'est-à-dire le droit d'élever des baraques en bois pour faire sécher la morue sur une partie de la côte, du *cap Bonavista* à l'est au *cap Riche* à l'ouest.

En 1783, la délimitation de la côte française fut changée : elle s'étendit du *cap Saint-Jean* au *cap de Raye*, et fut désignée sous le nom de **French Shore**, *côte française*.

En 1857, à la suite de contestations et de difficultés avec les pêcheurs terre-neuviens, qui s'étaient établis sur la côte française, une convention entre la France et l'Angleterre a réglé les droits de pêche de la façon suivante : 1° droit *exclusif*, du 5 avril au 5 octobre, sur les côtes de Belle-Ile et du Labrador, sur la côte orientale de Terre-Neuve, du *cap Saint-Jean* au *cap Normand*, et dans cinq havres de l'île : *Port-au-Choix, Petit-Port, Port-à-Port, Ile Rouge, Ile Cod-Roy* ; 2° droit *non exclusif* du cap Normand au cap de Raye. Mais le Parlement de Terre-Neuve n'a pas voulu ratifier cette convention.

On distingue les **Grandes** et les **Petites-Antilles**.

Les **Grandes-Antilles** sont : **Cuba, Haïti, la Jamaïque,** et **Puerto-Rico.**

Les **Petites-Antilles** sont divisées en **îles du Vent** et **îles Sous-le-Vent.**

Les **îles du Vent** sont alignées du nord au sud; on les appelle ainsi parce qu'elles sont frappées directement par le vent alizé du nord-est.

Les **îles Sous-le-Vent** sont au sud des premières et alignées de l'est à l'ouest. Elles sont abritées du vent.

Ces îles sont d'origine volcanique et bordées de récifs de coraux. Dans leur ensemble, elles paraissent une longue chaîne de montagnes, brisée et coupée par la mer.

La mer des Antilles, qui les baigne, est une des mers les plus chaudes du monde. Mais autour des îles, la température est rafraîchie par l'alternance des brises de terre et de mer.

Ces îles sont très fertiles. Depuis qu'elles ont été découvertes, elles ont été disputées par les marins et colons anglais, français, espagnols et hollandais.

Les Européens ont pu s'y établir et y ont fondé des familles, qu'on appelle *créoles.*

Les Antilles étaient habitées autrefois par les *Caraïbes,* qui ont disparu. Les colons européens, qui ne pouvaient travailler eux-mêmes sous un climat aussi chaud, y firent venir des milliers d'esclaves noirs africains.

Ceux-ci se sont transformés peu à peu sous l'influence du climat et de la civilisation. L'esclavage a été aboli et les unions entre blancs et noirs ont donné naissance à une race particulière, plus ou moins foncée, qui va du *mulâtre* presque noir à la jolie *quarteronne* presque blanche. Cette race domine aujourd'hui dans les Antilles.

Les Antilles sont des colonies européennes, sauf Cuba, qui est sous le protectorat des États-Unis, et Haïti, qui est divisée en deux Républiques indépendantes.

La France possède dans les îles du Vent :

1º la **Martinique**;

2º la **Guadeloupe** et ses dépendances.

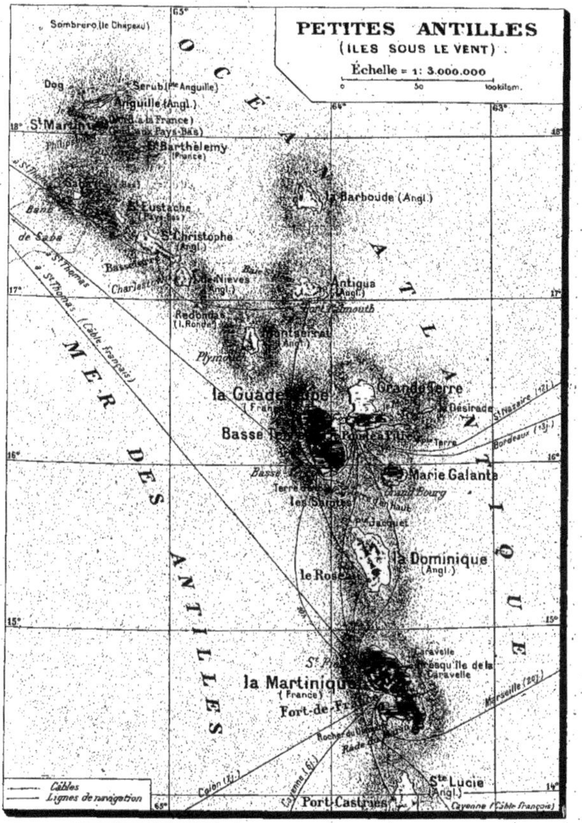

LA MARTINIQUE

Historique. — La Martinique fut découverte le jour de la Saint-Martin (1493), par Christophe Colomb, qui l'appela *Martinico.* Les indigènes Caraïbes l'appelaient *Madiana.*

La Martinique fut occupée et déclarée possession française le 1ᵉʳ septembre 1635, par *d'Esnambuc,* qui s'établit avec cent colons de Saint-Christophe à l'emplacement actuel de Saint-Pierre.

En 1650, *du Carquet* acheta cette île à la Compagnie des îles d'Amérique. Ses fils, après avoir exterminé les Caraïbes, qui, au moment de la conquête, s'étaient réfugiés dans la montagne, cédèrent en 1664 l'île au gouvernement français qui la rétrocéda à la Compagnie des Indes occidentales.

Pendant les guerres du xviiᵉ siècle, l'île repoussa victorieusement les flottes hollandaise et anglaise, et quand la Compagnie des Indes occidentales fut dissoute, la Martinique fut réunie au domaine de la Couronne.

Pendant un siècle la colonie prospéra. Les colons français se divisaient en deux classes : 1º les *habitants,* cadets de famille ou aventuriers venus de France à leurs frais et exploitant avec leurs propres ressources les concessions données par le roi; 2º les *engagés,* travailleurs racolés en France au compte des habitants, et qui devaient trois ans de travail, après lesquels ils recevaient des concessions s'ils restaient dans la colonie. Ce recrutement de la population cessa vers le milieu du xviiiᵉ siècle.

Les gros travaux de culture étaient exécutés par les *esclaves noirs*, dont le nombre dépassait 70,000 en 1736.

Jusqu'en 1762, les corsaires des Antilles réussirent à protéger l'île contre les expéditions anglaises. Mais pendant la guerre de Sept ans, M. de la Touche, gouverneur de la Martinique, fut obligé de capituler dans Saint-Pierre, le 13 février 1763, mais l'île ne resta que dix-sept mois aux mains des Anglais.

La période de 1764 à 1790 fut ensuite une des plus prospères pour la colonie.

La Révolution lui porta un coup terrible par l'affranchissement des noirs. Le parti royaliste appela les Anglais à son secours, et malgré la défense héroïque de Rochambeau, ceux-ci s'emparèrent de nouveau de la Martinique.

La paix d'Amiens (1804) la rendit à la France; l'esclavage y fut rétabli. Elle retomba encore en 1809 au pouvoir des Anglais, qui ne la rendirent définitivement qu'en 1816.

Le rétablissement de l'esclavage provoqua, de 1822 à 1848, plusieurs soulèvements qui furent rudement réprimés. La suppression définitive de la traite (27 avril 1848) détermina une crise agricole ; mais à partir de 1852, la prospérité de la colonie n'a cessé de s'accroître, grâce surtout à l'abolition du pacte colonial (3 avril 1861) qui accorda aux colonies françaises la liberté du commerce de la navigation.

Malheureusement la concurrence faite aux sucres de canne par le sucre de betterave a sensiblement arrêté depuis 1881 le développement de l'industrie sucrière, qui jusqu'à cette époque avait fait la richesse de la Martinique.

le havre de la Trinité ;

la longue **presqu'île de la Caravelle**, avec ses deux pointes terminales, *pointes Caracoli;*

la **baie du Galion;**

le *havre du Robert,* la *pointe promontoire de la Rose,* le *havre du François,* la *pointe de la Prairie,* la *baie et la pointe du Vauclin,* le *Cul de sac* et le *cap Ferré,* le *Cul de sac des Anglais,* la *pointe Baham;*

la **pointe des Salines** qui marque, avec l'*îlet Cabrit,* l'extrémité sud de l'île.

Au sud s'ouvrent le *Cul de Sac du Marin,* entre la *pointe Dunkerque* et la *pointe Borgnesse ;*

la **grande anse du Diamant** avec le *Morne* et le *rocher du Diamant.*

Sur la ceinture d'écueils (*cayes*) qui enveloppe cette côte, se dressent de nombreux îlots : *îlets de la Caravelle, Ramville, l'îlet Long, l'îlet Cabrit,* etc. Quelques passes difficiles conduisent aux eaux profondes du littoral.

La côte, dite *Sous-le-Vent,* à l'ouest, comme dans toutes les Antilles, est beaucoup moins déchiquetée.

La grande **baie de Fort-de-France,** la meilleure rade des Antilles, la divise en deux parties, la côte des *anses d'Arlet,* sorte de péninsule qui garde les traits de la côte sud, et la *Grande côte,* qui monte au nord en formant deux courbes légères assez uniformes. Plus au nord, la côte s'arrondit presque en demi-cercle, et les contreforts du massif septentrional

MARTINIQUE — VUE DU GOUVERNEMENT ET DES PITONS A BALATA (9 KIL. DE FORT-DE-FRANCE). CAMP DE BALATA A DROITE

la découpent en dents de scie, dont les saillants et rentrants réguliers n'ont aucune importance.

Le sol.

La Martinique occupe à peu près le milieu de l'arc de cercle formé par les Petites-Antilles.

Elle est distante de 53 kilomètres de la Dominique au nord, et de 35 kilomètres de Sainte-Lucie au sud ; de 100 kilomètres de la Guadeloupe et de 1,270 lieues marines (7,054 kilomètres) de Brest.

Elle mesure 51 kilomètres de long sur 25 kilomètres environ de large, sa superficie est de 98,782 hectares (988 kilomètres carrés).

Les côtes. — Les côtes de la Martinique sont très bizarrement découpées.

A l'est et au sud particulièrement, le littoral est rocheux, abrupte, et précédé d'îlots, d'écueils et de bancs madréporiques qui en rendent l'accès très difficile.

Des presqu'îles, étroites et pointues, forment des saillies dentelées, entre lesquelles s'enfoncent profondément des baies, communément appelées *havres* ou *culs de sac* par suite de leur forme rentrante et des difficultés de débarquement : ce sont les anciens nids de flibustiers.

En suivant la côte depuis la **pointe du Marigot,** on trouve successivement : l'*anse Charpentier,* le *Rocher du Pain de Sucre;*

Le relief du sol. — La Martinique est une île volcanique. Son relief, sans être très puissant, est violemment tourmenté. Il comprend deux massifs distincts, séparés par la *vallée du Lamentin,* et l'on peut ainsi considérer que la Martinique est formée de deux îles d'inégale importance, réunies par l'*isthme du Piton Torchon.*

En effet, les baies de Fort-de-France, à l'ouest, et du François, à l'est, se prolongent par des terrains bas et inondés jusqu'à la rencontre d'une arête montagneuse qui relie les deux massifs de l'île.

Le **massif septentrional** a la forme d'une double rosace dont les centres sont : le **Piton du Garbet** (1,207 mètres) et la **montagne Pelée** (1,350 mètres). Les principaux sommets sont ensuite : le *morne Sibérie,* le *piton du Pain-de-Sucre,* le *piton Gelé,* le *piton Pierreux.*

Au sommet de la montagne Pelée, l'ancien cratère des Palmistes a formé un petit lac.

Le **massif méridional,** moins élevé que le précédent, est une chaîne courant du nord au sud jusqu'au **Morne du Vauclin** (500 mètres) et, à partir de ce point, se dirigeant brusquement vers l'ouest (*morne de la Régale, morne de la Plaine, morne du Diamant,* 478 mètres).

Les montagnes de l'île sont escarpées et couvertes presque

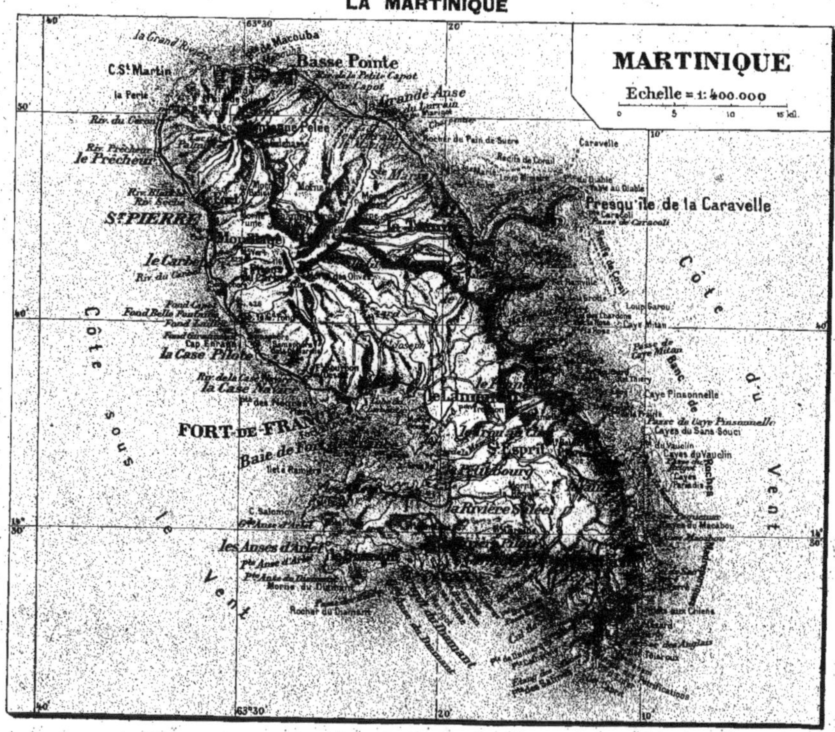

partout d'une luxuriante végétation et de belles forêts qui montent jusqu'aux sommets.

La seule plaine de l'île est le terrain bas et marécageux qui prolonge la baie de Fort-de-France jusqu'au bourg du Lamentin.

Les eaux. — 75 torrents ou ruisseaux environ se précipitent à travers les ravins pittoresques qui déchirent les flancs boisés des massifs et des chaînes de l'île.

Les principaux sont :

sur la côte du Vent, le *Capot*, le *Lorrain*, la **rivière du Galion**, la **rivière Pilote**;

sur la côte Sous-le-Vent, la *Rivière Salée*, la *rivière du Lézard*, la plus longue de l'île (28 kilomètres), de la *Case-Navire*, du *Carbet* et de *Roxelane*. La rivière Pilote et la rivière Salée sont les seules navigables jusqu'à une faible distance de leur embouchure.

De nombreuses sources thermales jaillissent de ce sol volcanique ; les plus importantes sont : les sources de *Reynal*, de *Roty*, d'*Absalon*, qui descendent du Carbet; la source du *Prêcheur*, qui vient

CRÉOLE

de la montagne Pelée, et les eaux chaudes de l'*Espérance*, du *Lamentin* et du *Français*.

Deux canaux, ceux du Lamentin et de la rivière Salée, mettent en communication avec la mer les deux communes du même nom. Leur profondeur est de 6 mètres.

Population. — Comme dans la plupart des autres Antilles, la population primitive, les Caraïbes, a complètement disparu de la Martinique.

La population créole, en accroissement régulier depuis 1867, compte actuellement près de 180,000 habitants, blancs, créoles, métis et nègres. A ce chiffre il convient d'ajouter une importante immigration d'Hindous et de Chinois qui viennent chaque année, pendant la saison, faire la récolte. Depuis quelques années un certain nombre de ces travailleurs se sont fixés à demeure.

Sol, Climat, Hygiène. — Le climat est celui des pays intertropicaux : l'année comprend trois saisons : 1° la saison fraîche de décembre à mars (thermomètre de + 21° à + 28°); 2° la saison chaude et sèche d'avril à juillet (thermomètre de + 22° à + 31°); 3° la saison chaude et pluvieuse de juillet à novembre (thermomètre de + 23° à + 33°).

Les tremblements de terre sont fréque nts (141 depuis 1838), le plus terrible fut celui du 10 janvier 1839 qui détruisit Fort-de-France. — De violents cyclones ravagent parfois la colonie; celui du 10 octobre 1780 fit près de 10,000 victimes. En 1888, Saint-Pierre fut presque détruit, et une vingtaine de navires firent naufrage dans le port. Enfin, de temps à autre, de violents raz-de-marée causent d'importants dégâts, surtout sur la côte orientale.

Sur tous les plateaux de l'île le climat est sain et agréable pour l'Européen. Sur

MARTINIQUE — VUE DE FORT-DE-FRANCE : AU MILIEU, LE FORT SAINT-LOUIS

la côte et dans les vallées l'humidité détermine rapidement l'anémie, le paludisme et la phtisie. Mais les deux principales causes de décès sont : la dysenterie et la fièvre jaune qu'apporte le vent de sud-ouest. Le choléra y sévit de temps en temps, introduit par les travailleurs hindous. L'Européen est exposé à ces maladies; il doit très rigoureusement surveiller son hygiène, et prendre toutes les précautions en usage dans les pays intertropicaux.

Notes politiques et administratives.

La Martinique forme une colonie avec un gouverneur.

L'île comprend deux arrondissements, neuf cantons et trente-deux communes.

Le chef-lieu du gouvernement est **Fort-de-France**, jolie ville de près de 14,000 habitants, située à l'entrée de la belle baie qui porte son nom.

Percée de belles rues, pourvue d'eau excellente dérivée des Pitons, elle a un port des mieux aménagés, où les plus gros vaisseaux peuvent accoster à quai, et où font escale les paquebots de la Compagnie transatlantique.

Elle constitue pour notre division navale de l'Atlantique un point stratégique d'une importance capitale, dont les défenses militaires (trois forts) devraient être augmentées.

Saint-Pierre (20,000 habitants), dans le seul creux que présente la côte au nord de la baie de Fort-de-France, est la ville commerçante de l'île.

Elle a la forme d'un croissant et est divisée en deux parties par la rivière *Roxelane;* au nord et le long de la mer le **Mouillage** ; au sud et sur la hauteur, le **Fort**.

Le port de Saint-Pierre est d'un accès difficile à certaines heures et ne vaut pas celui de Fort-de-France. Quelques fortins sans valeur protègent mal d'importants dépôts de charbon.

Les autres chefs-lieu de canton sont : le **Lamentin, St-Esprit**, le **Diamant**, le **Marin, Basse-Pointe** et la **Trinité**.

Plusieurs communes ont plus de 7,000 habitants, entre autres le *François*, le **Lamentin**, le *Carbet*, où abordèrent les premiers colons français.

Administration. — Le pouvoir exécutif est représenté par le gouverneur, qui relève directement du ministre des Colonies. Avant 1789, il y avait un seul gouverneur de toutes les Antilles. La Martinique, comme la Guadeloupe, forme actuellement un gouvernement distinct.

Le gouverneur est assisté d'un *conseil privé* composé : 1° du directeur de l'Intérieur et du procureur général ; 2° de deux conseillers, choisis par les habitants et nommés par le Président de la République; 3° de deux conseillers nommés par le gouverneur ; 4° d'un inspecteur des services administratifs, relevant directement du ministère de la Marine et de celui des Colonies et ayant seulement voix représentative. Le conseil privé connaît des comptes, des comptables locaux et du contentieux administratif, l'Inspecteur des services administratifs fait fonctions de Ministère public.

Le *Conseil général*, réorganisé par décret du 7 novembre 1879, compte trente-six conseillers élus au suffrage universel, conformément au décret du 3 décembre 1870 et du 7 novembre 1879.

Ce conseil élit chaque année une *Commission coloniale de permanence*, instituée par décret du 12 juin 1879, et qui compte sept membres.

La loi métropolitaine du 5 avril 1884 concernant l'organisation communale a été appliquée à la Martinique.

La colonie est représentée au Parlement par un *sénateur* et deux *députés*.

Diverses commissions ont été créées (commissions sanitaires à Saint-Pierre et Fort-de-France, commission des mercuriales, comité local d'exposition, jurys d'expropriations, chambres de commerce).

MARTINIQUE — RADE DE SAINT-PIERRE

Pouvoir judiciaire. — Un *procureur général* est chef du service judiciaire. Fort-de-France est le siège d'une *cour d'appel*, dont le ressort est limité à l'île. Chacun des deux arrondissements possède un tribunal de première instance, chacun des neuf cantons une justice de paix.

Instruction publique. — L'enseignement est bien organisé ; un quart du budget local lui est affecté.

Il existe dans la colonie : 1° pour l'enseignement supérieur, une école préparatoire de droit ; 2° pour l'enseignement secondaire, un lycée de garçons, un lycée de filles et un séminaire ; 3° pour l'enseignement primaire, deux écoles normales primaires, l'une de garçons, l'autre de filles, de très nombreuses écoles communales fréquentées par près de 10,000 enfants, des écoles primaires privées, des salles d'asile, etc...

La colonie possède à Fort-de-France une *École d'arts et métiers* ; à Saint-Pierre, un *Jardin des Plantes*, une belle Bibliothèque due à M. Schœlcher, comptant plus de 10,000 volumes, un *Laboratoire agricole*, installé en 1885 à *Trouvaillant*.

Cultes. — En 1853, le siège de l'évêché fut transféré de Fort-de-France à Saint-Pierre. L'évêque a voix délibérative au Conseil privé du gouvernement dans les questions du culte.

Assistance publique. — Le service de santé, dirigé par le médecin inspecteur de la marine, comprend *deux commissions sanitaires*, composées chacune de six médecins. Une *maison coloniale de santé* pour le traitement des aliénés a été créée à Saint-Pierre en 1837. — Six *hospices civils* ont été fondés à Fort-de-France, Saint-Pierre, la Trinité, au Saint-Esprit, au Marin et au Lorrain. — Un ouvroir officiel et vingt-six bureaux de bienfaisance complètent cette organisation.

Guerre et Marine. — La défense et l'ordre sont assurés par quatre compagnies d'infanterie de marine, une batterie d'artillerie de marine, un détachement d'ouvriers de marine et une brigade de gendarmerie, sous les ordres d'un lieutenant-colonel, commandant d'armes.

La Martinique est une des stations de la division navale de l'Atlantique, qui vient y mouiller au moins deux fois par an.

Notes économiques et statistiques.

Production du sol. — Les cultures de la colonie sont extrêmement variées : coton, mangues, ananas, manioc, patates, bananes, fruits à pains, cacao, indigo, etc. Mais les produits dominants sont le *café* et le *sucre*.

Depuis 1830, les cultures sucrières se sont considérablement développées au détriment de celle du café qui, pendant un siècle, fit la fortune de l'île.

C'est *Desclieux* qui acclimata en 1727 à la Martinique le fameux plant de café que lui avait confié *de Jussieu*, et qu'il réussit, après un voyage demeuré célèbre, à planter encore vivant à l'endroit où se trouve actuellement le Jardin des Plantes de Saint-Pierre.

En 1788, les plantations de café couvraient six mille hectares, et l'exportation dépassait 8,500,000 francs. Aujourd'hui, par suite de maladies parasitaires, les caféiers de l'espèce primitive ont complètement disparu, mais on reconstitue des plantations avec du plant de Libéria à grains plus gros, mais d'un arome inférieur.

La plus grande partie des terres cultivables de l'île (soit 20,000 hect.) est couverte de champs de cannes à sucre. Avant 1880, cette culture couvrait une superficie plus grande encore ; la concurrence du sucre de betterave au sucre de canne tend chaque jour à diminuer cette dernière culture [1].

---

1. *La canne à sucre* est une plante élégante de la famille des graminées, dont la tige verte, rouge ou violette, est pleine de l'intérieur d'un liquide sucré, assez agréable au goût.

On coupe les cannes à cinq centimètres environ au-dessus du sol, et les souches laissées en terre donnent de nouvelles tiges.

Les cannes coupées sont écrasées au moulin. Le liquide sucré qui en sort s'appelle *vesou* ; il contient de 20 à 23 0/0 de sucre. Les can-

Animaux et végétaux. — La Martinique a des productions très variées : il est regrettable que l'élevage ne profite pas des ressources que lui offrirait dans les vallées la culture de nombreuses espèces d'herbes pour constituer d'excellents pâturages.

Les animaux sont nombreux. Deux de ces espèces constituent malheureusement de réels fléaux pour la colonie : ce sont les *rats* et les *serpents venimeux* (trigonocéphale ou fer de lance) qui pullulent dans les champs de cannes.

Sur les côtes, le poisson est abondant et excellent.

Toute la partie de l'île supérieure à 200 mètres d'altitude est couverte de bois splendides, propres à l'ébénisterie, à la teinture et au charronnage.

Industrie et Travail. — L'industrie du *cacao* s'est beaucoup développée depuis quelques années ; mais la fabrication du sucre et de ses dérivés (tafia et rhum) tient toujours la première place ; c'est surtout dans le sud de l'île que les usines sont les plus nombreuses. En 1889 on comptait à la Martinique 17 grandes usines et 200 petites ; la crise sucrière les a réduites à 14 et à 167.

Le travail manuel est confié aux indigènes et aux immigrés indiens, chinois et nègres.

L'immigration des ouvriers européens ne saurait se diriger sur la Martinique ; le climat interdit à l'Européen le travail des champs, et la petite industrie est suffisamment pourvue de travailleurs indigènes. Mais des capitalistes concessionnaires peuvent encore trouver dans la culture du café de Libéria et celle du cacao des bénéfices très sérieux.

Exportations et Importations. — Le chiffre d'exportation de la Martinique s'élève à 23 millions ; il est à peu près égal au chiffre des importations. Le chiffre total (46,000,000) a considérablement baissé. En 1882, il était de 59 millions. Le rhum et le tafia figurent pour environ 5 millions (7 millions 100,000 litres) et le sucre pour 12 millions environ (35 millions de kilos) dans le chiffre des exportations. — Le total des exportations pour la France est de 8 millions, et celui des importations de France d'environ 15 millions.

Établissements de crédit. — Le taux de l'intérêt de l'argent varie à la Martinique de 8 à 10 0/0.

La culture et l'industrie exigent de gros capitaux, maintenant surtout que les procédés de fabrication du sucre, du rhum, du cacao, etc., exigent un mécanisme plus perfectionné.

Il existe dans l'île : une *Banque coloniale*, ayant le monopole de l'émission de billets à cours légal ; un *Crédit foncier colonial* ayant le monopole des opérations du Crédit foncier. La *Banque transatlantique*, la *Colonial-Bank de Londres*, ainsi que le *Comptoir des Intérêts coloniaux*, y ont des succursales.

Outre deux chambres de commerce, la Martinique possède une *Bourse du Commerce*.

Voies de communications. — A *l'intérieur* : les principaux centres de l'île sont reliés entre eux par un réseau routier bien entretenu. De plus, entre Saint-Pierre et Fort-de-France fonctionnent plusieurs services de transports par vapeur ou voiliers. Une communication régulière est établie entre Saint-Pierre et le Marin, et entre le Lamentin et Fort-de-France.

A *l'extérieur* — 1° *avec la France* : la Martinique est reliée à la France par les services réguliers de la Compagnie générale transatlantique ; 2° *avec l'étranger* : les paquebots de la Royal-Mail Company effectuent deux fois par mois le trajet de Southampton à la Martinique ; la Compagnie américaine des Antilles-New-York comprend Saint-Pierre dans ses escales.

Le prix du fret de France pour Saint-Pierre est de 50 francs.

Depuis 1876 (convention de Berne), la colonie est admise dans l'union générale postale. Une ligne télégraphique relie Saint-Pierre à Fort-de-France. La Martinique communique télégraphiquement avec la Métropole par les câbles américains : *prix du mot*, via Key-West, 11 fr. 25 ; — via Gavelston-Jamaïque, 13 fr. 75.

---

nes écrasées et vidées de leur suc prennent le nom de *bagasse* et constituent une excellente nourriture pour le bétail.

Quant au sucre, une fois desséché, il est expédié aux usines d'Amérique ou de France sous le nom de *cassonade*. La cassonade raffinée est versée dans des sortes de bonnets pointus en feutre, où s'opère la cristallisation du pain de sucre.

LA GUADELOUPE ET SES DÉPENDANCES

La Guadeloupe est située à 100 kilomètres au nord-ouest de la Martinique, et en est séparée par l'île anglaise de la Dominique.

De la Guadeloupe dépendent directement: le petit **archipel des Saintes**, **Marie-Galante**, les **Baleines** et la **Désirade**.

En outre de ces dépendances naturelles, on a rattaché administrativement à la colonie de la Guadeloupe un groupement d'îles, situé à 115 kilomètres de distance moyenne : l'**île Saint-Barthélemy**, l'*île du Chevreau*, l'*île de la Frégate*, l'*île Tintamarre*, et la partie septentrionale de l'**île Saint-Martin**.

Résumé historique. — Le 28 octobre 1493, *Christophe Colomb* prit possession, au nom du roi d'Espagne, de l'île Marie-Galante, à laquelle il donna le nom de son navire, *Maria-Galanda*.

Colomb découvrit ensuite dans l'ouest une grande île couverte de hautes montagnes, que les Caraïbes appelaient *Turuqueira*, et qu'il nomma **Guadalupe**, en souvenir, dit-on, de Notre-Dame de Guadalupe.

Le 10 novembre, il découvrit le petit archipel auquel, en souvenir de la Toussaint, il donna le nom de *los Santos*, **les Saintes**.

En 1515, un Espagnol, *Ponce de Léon*, tenta de fonder un établissement à la Guadeloupe, mais l'expédition fut massacrée par les Caraïbes. Des missionnaires français envoyés par François Ier, en 1523, eurent le même sort.

Premiers établissements français. — Ce n'est qu'en 1625 qu'un aventurier intelligent, d'*Esnambuc*, entreprit d'aller fonder à ses frais un établissement agricole dans l'île. Autorisé en 1626 par le *cardinal de Richelieu* à créer la compagnie des îles d'Amérique, il trouva à son retour le pays occupé par des Espagnols et des Anglais; il les expulsa et ajouta à son domaine la Dominique et Antigoa.

En 1635, il céda à bail toutes ses îles à ses lieutenants, l'*Olive* et *Duplessis*, qui débarquèrent avec 500 colons à l'endroit où est Basse-Terre. Ils furent obligés d'entrer en lutte avec les Caraïbes.

En 1640, le gouverneur *Aubert* réussit à imposer son autorité, amena des colons, implanta la canne à sucre et commença la prospérité de l'île.

La Guadeloupe passa de compagnie en compagnie et de gouverneur en gouverneur jusqu'en 1664. A cette époque, *Hanel*, qui en était le propriétaire, la vendit au roi qui la donna d'abord à la compagnie des Indes Occidentales. Mais en 1674, après la ruine de cette compagnie, la Guadeloupe fit retour définitivement au domaine royal.

L'introduction régulière des esclaves noirs, la proclamation en 1685 du *Code Noir* destiné à améliorer la condition sociale des esclaves, le développement des cultures de canne et de café, firent de la Guadeloupe une des plus prospères colonies françaises.

La Guadeloupe au XVIIIe siècle. — Cependant, pendant le XVIIIe siècle, la colonie, suivant le sort des guerres, passa par des alternatives de richesse et de détresse. En 1690, les Anglais prirent Marie-Galante, mais ils échouèrent à la Basse-Terre qu'ils attaquèrent trois fois.

A partir du traité d'Utrecht s'ouvrit pour l'île une période de paix qui dura 53 ans et au cours de laquelle l'île devint fort riche.

Pendant les grandes guerres coloniales, les Anglais, après avoir subi un échec à la Martinique, réussirent à s'emparer de la Guadeloupe en 1756. Elle fut rendue à la France en 1763 et devint un gouvernement colonial, indépendant des autres Antilles.

Le commerce de l'île s'élevait, à la veille de la Révolution, à près de 32 millions de francs.

La Révolution de 1789 eut un contre-coup désastreux sur la Guadeloupe. Les décrets sur le suffrage universel et l'affranchissement des noirs soulevèrent les créoles, qui se déclarèrent royalistes.

Profitant de cette guerre civile, les Anglais occupèrent de nouveau l'île (1794). Mais deux commissaires français, *Chrétien* et *Victor Hugues*, avec deux frégates, 1,700 hommes et le concours des milices locales, la reprirent après une lutte acharnée de sept mois.

Le 6 octobre 1794, dans un combat furieux, ils détruisirent les troupes anglaises.

De 1794 à 1808, l'île fut en proie à la fois aux troubles intérieurs et aux attaques des Anglais.

La Guadeloupe sous le premier Empire. — En 1808, les Anglais s'emparèrent de Marie-Galante, en 1809 des Saintes, et en 1810, pour la troisième fois, de la Guadeloupe. Ils la cédèrent à la Suède en 1813. La Suède n'en prit jamais possession.

La Guadeloupe au XIXe siècle. — La Restauration y continua le régime de l'esclavage, mais la condition des esclaves y était fort douce. En 1839, on y comptait près de cent mille noirs. La prospérité de l'île se maintint malgré les désastres qui, jusqu'en 1848, s'abattirent sur elle.

Le 25 août 1825, un cyclone dévaste la Basse-Terre, Marie-Galante et les Saintes; le 8 février 1843, un tremblement de terre suivi d'un terrible incendie détruit la Pointe-à-Pitre; en 1844, la Basse-Terre est à son tour incendiée; en 1845, la fièvre jaune enlève la moitié de la population; en 1852, un nouveau cyclone ravage la Pointe-à-Pitre.

En 1848, l'abolition de l'esclavage troubla de nouveau les conditions économiques du pays. Les noirs ne voulaient plus travailler, le rendement de la canne à sucre diminua de moitié. Des travailleurs chinois et hindous remplacèrent la main-d'œuvre noire.

Depuis 1858, le commerce et l'industrie ont pris un développement remarquable, quoique l'introduction du sucre de betteraves sur les marchés européens ait porté préjudice au sucre de canne.

LA GUADELOUPE

Le sol.

La Guadeloupe occupe à peu près le milieu de l'arc de cercle formé par la chaîne des Antilles.

Sa superficie est de 138,000 hectares.

Elle comprend en réalité deux îles de forme, de structure, et de relief très différents, séparées par un bras de mer peu profond, large de 30 à 120 mètres, appelé **Rivière salée** :

à l'ouest, la **Guadeloupe** proprement dite, ou **Basse-Terre**, d'une superficie de 82,000 hectares, qui a la forme d'un œuf.

à l'est, la **Grande-Terre**, d'une superficie de 56,000 hectares, qui a la forme d'un triangle irrégulier dont les trois angles sont marqués par les pointes de la *Grande-Vigie*, *Caraïbe* et des *Châteaux*.

L'appellation de Grande et de Basse-Terre devrait être renversée. Basse-Terre est, en effet, plus grande et plus accidentée que la Grande-Terre.

Les côtes. — Entre la côte ouest de la Grande-Terre et la côte nord-est de la Guadeloupe s'ouvre une vaste baie, exposée au nord, appelée *Grand Cul de sac marin*. L'entrée du Grand Cul de sac est fermée du côté de la mer par un banc madrépo-

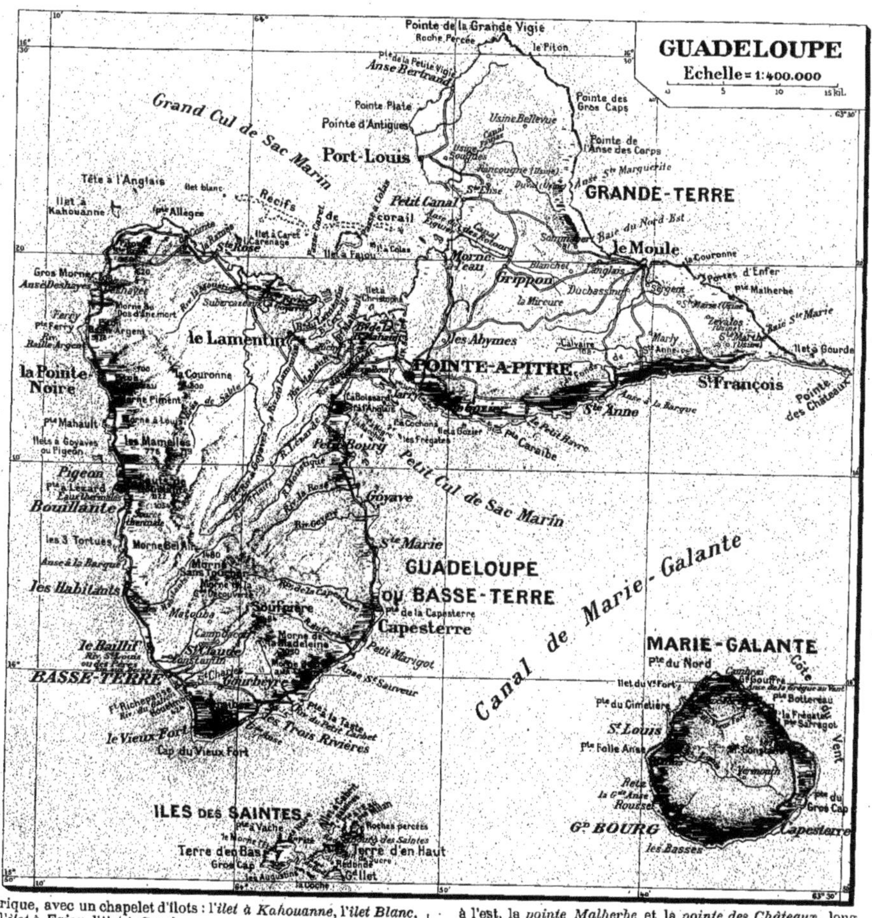

rique, avec un chapelet d'îlots : l'*îlet à Kahouanne*, l'*îlet Blanc*, l'*îlet à Fajou*, l'*îlet à Carel*.

Symétriquement au sud, entre la côte orientale de la Guadeloupe et la côte méridionale de la Grande-Terre, s'ouvre une autre baie qu'on appelle *Petit Cul de sac marin*. Elle est parsemée d'une grande quantité d'îlets (îlet *Saint-Hilaire*, à *Bacchus*, à *Nègre*, à l'*Anglais*, à *Cochons*, etc.).

Le grand Cul de sac et le petit Cul de sac communiquent par la Rivière Salée.

Les côtes des deux îles sont très découpées.
Sur le littoral de la Grande-Terre on remarque :
au nord, les *pointes de la Grande Vigie*, avec des grottes où les vagues s'engouffrent violemment;

à l'est, la *pointe Malherbe* et la *pointe des Châteaux*, long promontoire rocheux et abrupt;
au sud, la *pointe Sainte-Anne* et la *pointe Caraïbe*;
à l'ouest, les *pointes du Morne-à-l'Eau*, d'*Antigues*, de la *petite Vigie*.

Les baies les plus importantes sont :
à l'est, l'*anse Sainte-Marguerite*, la *baie du Nord-est*, la *baie du Moule* et la *baie Sainte-Marie*;
au sud, l'*anse à la Barque*, le *Petit Havre* et la *Grande Baie*;
à l'ouest, l'*anse du Figuier* et la belle *baie du Port-Louis*.

Les côtes de Basse-Terre sont en partie formées de falaises, en partie sablonneuses avec des récifs. La mer y est profonde et tourmentée.

Les pointes les plus accentuées sont :

au nord, les *pointes Allègre, Granger* et *Madeleine;*

à l'est, les *pointes Jarry* et de *Capesterre;*

au sud, le *cap du Vieux Fort*, dont les roches noires marquent l'extrémité méridionale de l'île ;

à l'ouest, la *pointe Noire* et la *pointe du Gros Morne.*

Les principales baies de Basse-Terre sont : celles du *Lamentin*, du *Petit Bourg*, de *Saint-Sauveur*, l'anse à la *Barque* et l'*anse Deshayes.*

La côte orientale est basse et bordée de palétuviers; la côte occidentale est plutôt escarpée.

Le relief du sol. — Le relief des deux îles, quoique d'origine volcanique, est aussi différent que leur forme.

Grande-Terre est une plaine d'alluvions ondulée par de petites collines enchevêtrées, dont l'altitude ne dépasse guère 120 mètres.

Les plus importantes sont les *Grands Fonds de Sainte-Anne*, qui longent la côte sud.

Grande-Terre est peu boisée et très fertile.

La Basse-Terre est, au contraire, très montagneuse.

Une chaîne volcanique, faite de laves et de porphyre, la parcourt du nord au sud. De nombreux contreforts rayonnent vers la côte, plus courts et plus confus à l'ouest, allongés et très distincts à l'est.

Au **Morne-sans-Toucher** (1,800 mètres), deux contreforts forment, avec la grande chaîne, un Y très marqué.

Le massif principal de l'île est la **Soufrière**, volcan en continuelle activité (1,485 mètres), d'où l'on découvre une superbe vue de l'archipel.

Autour de la Soufrière, toujours couronnée de vapeurs de soufre, se dressent les montagnes de la *Madeleine*, de la *Grande Découverte* (1,260 mètres) et, près de la côte, dominant la mer, les cônes du *Trou-au-Chien* et de *Houelmont.*

Au nord de la Soufrière et du Mont-sans-Toucher, la chaîne s'abaisse peu à peu, avec les *Sauts de Bouillante* (1,122 mètres), les *Mamelles* (775 mètres), la *Couronne* (800 mètres), le *Piton Guyonneau* (700 mètres), le *Piton Baille-Argent* (612 mètres), enfin le *Piton de Sainte-Rose* (360 mètres), dont les pentes viennent mourir à la pointe Allègre.

La plupart des sommets sont des cratères éteints. Les pentes sont très boisées.

Les eaux. — Les rivières de la Guadeloupe (Grande et Basse-Terre) sont très nombreuses. On en compte jusqu'à soixante-dix dans la Basse-Terre et une vingtaine dans la Grande-Terre.

Elles sont presque à sec l'été, mais elles deviennent à la saison des pluies des torrents impétueux.

La principale rivière de Basse-Terre est la **Grande Rivière à Goyaves**, qui se jette dans le Grand Cul de sac. Elle est navigable pendant l'été; mais son embouchure est entourée de palétuviers.

La *rivière de la Lézarde* et la *rivière Goyave*, qui se jettent dans le Petit Cul de sac sont aussi navigables sur trois ou quatre kilomètres. La navigation n'y est d'ailleurs d'aucune importance.

Les autres rivières de Basse-Terre sont celles du *Lamentin*, du *Bon-Goût*, de la *Trinité*, de la *Rose*, de *Capesterre*, du *Carbet* avec sa chute de 600 mètres, *Saint-Louis* ou des *Pères*, des *Habitants.*

Basse-Terre renferme de nombreuses sources thermales.

Les vallées sont argileuses. Les rivières, qui forment de nombreuses cascades, sont poissonneuses. L'ensemble du paysage est très pittoresque.

A la Grande-Terre, il n'y a que des ruisseaux insignifiants. Un certain nombre ont été canalisés pour permettre l'écoulement des eaux et la circulation des barques à travers les plantations.

Les plus importants de ces canaux sont : le canal de *Rotours*, le *Petit-Canal*, le canal de *Faujas* et le canal *Sergent.*

Les dépendances.

LES SAINTES

L'archipel des Saintes est situé à 12 kilomètres dans le sud de la Guadeloupe. Il comprend quatre îles principales : la **Terre-d'en-Haut**, la **Terre-d'en-Bas**, le *Grand Ilet* et l'*Ilet à Cabrits;* et quatre rochers : la *Coche*, les *Augustins*, le *Pâté* et la *Redonde.* Superficie totale : 1,420 hectares environ.

La Terre-d'en-Bas et la Terre-d'en-Haut sont montueuses; le *Morne-Létang* atteint 304 mètres et le *Pain-de-Sucre*, 316.

Ces deux îles sont séparées par la *Passe du sud*, dont l'ouverture méridionale est fermée par le Grand-Ilet et la Coche, et l'ouverture septentrionale par le Pâté et l'îlet à Cabrits. Cette passe continue l'excellente **rade des**

LES SAINTES

Saintes, position stratégique de premier ordre; on lui a donné avec le *Bourg des Saintes* le nom de *Gibraltar des Antilles.*

MARIE-GALANTE

Marie-Galante est située au sud de la Grande-Terre, à une distance de 27 kilomètres.

Elle est presque ronde; sa circonférence est de 83 kilomètres, sa superficie de 15,000 hectares environ.

C'est une plaine mamelonnée, qui s'affaisse en plages sablonneuses vers la mer à l'ouest, tandis que la côte orientale, ou *côte du Vent*, s'élève en falaises imposantes.

Les côtes sont assez découpées, les principales saillies sont : les pointes du *Cimetière*, du *Nord*, de *Bottereau* et du *Gros-Cap.*

Les anses principales sont : celles de la *Grègue-au-Vent*, de la *Frégate*, *Grand-Bourg*, la *Grande-Anse* et la rade de *Saint-Louis.*

La côte orientale et méridionale de Marie-Galante est bordée d'une ceinture dangereuse d'écueils madréporiques.

Les rivières du *Vieux-Fort*, de *Saint-Louis* et quelques torrents arrosent l'île, qui est fertile.

A l'ouest, s'étend le grand marais de *Retz*, d'une superficie de plus de 500 hectares.

Le point le plus élevé de l'île est la *Montagne Constant*, qui domine la côte orientale (207 mètres).

Les principaux centres sont : le *Grand-Bourg*, Capesterre et *Saint-Louis.* La population s'élève à 12,000 habitants.

LA PETITE-TERRE

Située à 9 kilomètres au sud-est de la pointe des Châteaux (Grande-Terre), elle est composée de deux îles : la *Terre-d'en-Haut* et la *Terre-d'en-Bas*, séparées par un canal de 200 mètres, environnées de dangereux récifs, appelés *les Baleines*. Sa superficie ne dépasse guère 300 hectares.

Elle est couverte de cocotiers et de plantations, avec quelques villages de pêcheurs.

LA DÉSIRADE

La **Désirade**, découverte par Colomb en 1493, occupée d'abord par des Français, puis prise en 1762 et en 1795 par les Anglais, ne nous fut rendue qu'en 1815.

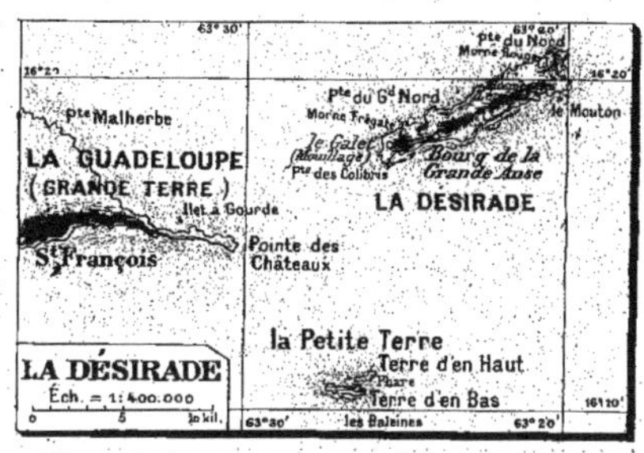

Elle est située à 11 kilomètres dans le nord-est de la pointe des Châteaux.

De forme allongée, elle mesure 11 kilomètres de long sur 2 kilomètres de large; sa superficie est de 2,730 hectares env.

C'est une longue arête de collines, dont le point culminant est au *morne Frégate* (282 mètres).

La côte orientale est à pic sur la mer (*pointe du Nord*); la *pointe des Colibris*, à l'ouest, descend doucement vers la mer.

La *Grande-Anse* offre un assez bon mouillage.

L'île était autrefois couverte de gaïac; elle ne porte plus maintenant que des fromagers et des mancenilliers. Les pluies sont rares dans l'île; aussi les plantations de cotonniers y ont-elles fort bien réussi.

De plus, grâce à la sécheresse du climat, la Désirade est un précieux sanatorium pour les fiévreux et les anémiques.

La population est de 1,500 habitants environ. Les deux bourgs principaux sont : le bourg du *Galet*, et le bourg de la *Grande-Anse*.

SAINT-BARTHÉLEMY

Saint-Barthélemy est à 175 kilomètres au nord de la Guadeloupe.

Elle est entourée, au nord, par l'île Saint-Martin, dont elle est séparée par le canal de Saint-Barthélemy; à l'ouest par Saint-Christophe; au sud-est par Barbuda.

Elle appartint à la France de 1648 à 1784. A cette date la France la céda à la Suède, qui l'a rétrocédée le 10 août 1877.

Sa longueur est de 9 kilomètres, sa largeur moyenne de 3 kilomètres; sa superficie de 2,100 hectares environ.

C'est une île calcaire aux côtes très découpées; le littoral mesure 25 kilomètres.

La *pointe Nègre* au sud, la *pointe Colombier* à l'ouest, la *pointe Toiny* à l'est, marquent les extrémités de l'île.

Les baies de *Saint-Jean* au nord et de *Gustavia* à l'ouest, sont accessibles en tout temps. Cette dernière constitue une excellente position stratégique pour une escadre.

La population de l'île est d'environ 18,000 habitants. La ville

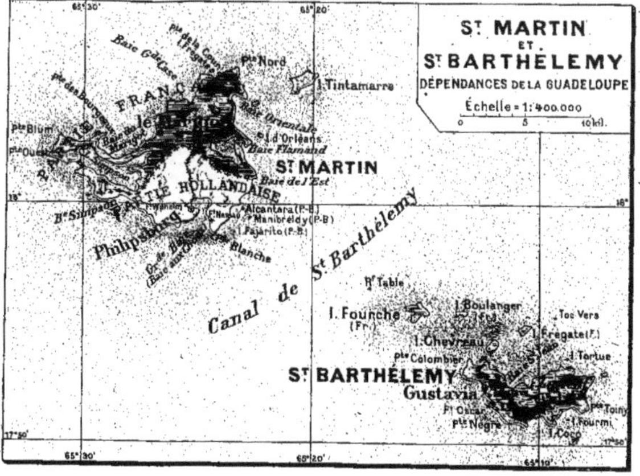

SAINT-BARTHÉLEMY — GUSTAVIA : VUE GÉNÉRALE DE LA VILLE ET DU PORT, PRISE DU FOND DE LA BAIE

principale est *Gustavia*, à l'entrée de la rade du même nom.

Le sol aride de cette île contraste par la pauvreté de sa végétation avec celui des autres Antilles; mais on y trouve d'importantes salines et une mine de zinc et de plomb.

Au nord de Saint-Barthélemy, et dans un rayon de 8 kilomètres, se trouvent quelques îlots, appartenant à la France, îlots de la *Fourche*, de la *Frégate*, du *Chevreau*, etc., sans importance.

SAINT-MARTIN

L'île Saint-Martin, distante de 233 kilomètres de la Guadeloupe, est située à l'extrême nord de la chaîne des petites Antilles, et dans un groupe assez dense d'îlots.

Les îles les plus voisines sont celles de la Petite-Anguille, le Tintamarre et de Saint-Barthélemy.

En 1639, elle entra dans le domaine de la couronne de France. Pendant près de dix ans il ne s'y fonda aucun établissement. Mais, en 1648, des Hollandais et des Français y débarquèrent presque en même temps. Après quelques démêlés, les deux partis se jurèrent une amitié réciproque et éternelle, serment qui jusqu'à ce jour a été loyalement observé.

L'île, d'une superficie de 8,000 hectares environ, fut partagée entre les deux nations; les deux tiers appartiennent à la France.

Elle se compose de deux parties : les *Terres-Basses* et la *Grande-Terre*.

Dans les Terres-Basses est une nappe d'eau, parsemée d'îlets, appelée *Étang de Simpson*.

Le chef-lieu de l'île française s'appelle le **Marigot**.

L'intérieur de Saint-Martin est hérissé de mornes, dont le plus élevé (*Morne-Paradis*), situé en territoire français, a 585 mètres d'altitude.

Le sol, léger et pierreux, est des plus fertiles après la saison des pluies.

Les côtes sont très poissonneuses et la chasse y est abondante.

Le climat y est très tempéré et ne subit pas les variations de température qu'on remarque dans les autres Antilles.

L'acclimatation des Européens y est des plus faciles.

Par une particularité singulière, cette île, mi-partie française et hollandaise, a été peuplée surtout par des Anglais, qui y ont implanté leurs mœurs, leur influence, et leur langue, d'autant plus aisément que, par suite de son éloignement de la Guadeloupe, Saint-Martin jouit d'un régime commercial spécial.

Notes politiques et administratives.

Population. — La population primitive de la Guadeloupe était formée, comme dans les autres Antilles, par les *Caraïbes*; elle fut anéantie par les conquérants; les débris furent transportés vers 1660 à Saint-Vincent et à la Dominique.

Avant la Révolution, la population de la Guadeloupe et de ses dépendances était de même composition que celle de la Martinique. Elle se composait : 1° de la population blanche créole (4 à 5,000 âmes), qui s'était conservée pure de mélange et qui était représentée par les familles des grands planteurs; 2° des esclaves noirs, importés directement de la côte d'Afrique ou nés à la Guadeloupe (25,000 environ); 3° de types croisés, métis, quarterons, mulâtres, etc., formant une masse d'environ 30,000 âmes.

Cette proportion entre les différentes races de la colonie s'est maintenue jusqu'en 1839 (abolition de la traite). Depuis cette époque, la population s'est modifiée notablement. Les métis ont pris la prédominance; il ne reste actuellement pas plus de 5 à 6,000 individus de pur type noir, et la population blanche n'a pas augmenté.

De nouveaux éléments se sont introduits dans le pays avec les émigrants indiens et chinois.

De nombreux Indiens sont restés dans l'île et y ont fait souche.

Les Chinois, au contraire, une fois leur contrat terminé, sont revenus dans leur pays d'origine, non sans avoir laissé quelques spécimens de leur type.

La population actuelle de la Guadeloupe et de ses dépendances atteint dans son ensemble le chiffre de 180,700 âmes.

ENTRÉE DU PORT DE LA POINTE-A-PITRE — USINE A SUCRE D'ARBOUSSIER

Régime politique et divisions administratives. — La colonie est soumise au régime de la constitution de 1852, dite des Sénatus-Consulte, modifiée par les lois de 1872, 1875, 1879 et 1884.

Elle est représentée au Parlement français par *un sénateur* et *deux députés*.

Un *conseil général* de 36 membres est élu dans les mêmes conditions que ceux de la Métropole.

Les territoires sont répartis en 3 *arrondissements* : **Basse-Terre**, **Pointe-à-Pitre**, **Grand-Bourg** de Marie-Galante, comprenant 11 cantons et 34 communes.

La ville de la **Basse-Terre** est le siège du gouvernement et le centre administratif de la colonie. Elle n'occupe toutefois, comme population, que le troisième rang parmi les villes de la côte sud-ouest de la Guadeloupe, mais elle garde l'honneur d'avoir été le premier établissement de la Guadeloupe. Elle est arrosée par la rivière aux Herbes et la rivière du Galion. C'est une ville agréable, bâtie en amphithéâtre, encadrée de jolis coteaux que domine la Soufrière.

MULÂTRESSE

La population, composée surtout de fonctionnaires, ne dépasse pas 8,000 habitants; son commerce et son industrie sont peu développés, car le port, éloigné du centre des affaires, n'est qu'une rade peu sûre aux gros temps, très inférieur par conséquent à ceux de la Pointe-à-Pitre, du Moule et de Port-Louis.

La **Pointe-à-Pitre** est le centre commercial le plus important de la colonie. Située dans la Grande-Terre, sur le rivage oriental du Petit Cul de Sac, elle possède un des ports les plus beaux et les plus sûrs de toutes les Antilles. Elle compte près de 20,000 habitants. Les communications sont faciles et bien assurées avec les principaux centres producteurs de la Grande-Terre. La Pointe-à-Pitre est en outre une position stratégique de premier ordre.

La deuxième ville de la colonie est **Le Moule** (12,600 hab.), située sur la côte nord-est de la Grande-Terre.

Le port, mal abrité des vents, est d'accès difficile. Il est pourtant fréquenté par un grand nombre de bateaux caboteurs, qui viennent y chercher les produits sucriers de la région éminemment riche et industrieuse, dont le Moule est le centre.

Les bourgs les plus importants de la Guadeloupe sont ensuite : dans la Guadeloupe, le *Lamentin, Capesterre* et la *Pointe Noire* ; dans la Grande-Terre, sur la côte nord-ouest, *Port-Louis*, qui possède un excellent port, et au sud, *Saint-François* et le *Gozier*.

Administration. — La Guadeloupe et ses dépendances (la Désirade, les Saintes, Marie-Galante, Saint-Martin et Saint-Barthélemy) forment un **gouvernement colonial** organisé sur les mêmes bases que celui de la Martinique.

Le gouverneur est assisté d'un *conseil privé*, composé du directeur de l'intérieur, du procureur général, de l'inspecteur des colonies, du chef du service administratif de la marine et du trésorier-payeur général.

L'organisation administrative de cette colonie est en somme une réduction de celle de l'État. Le gouverneur a le pouvoir exécutif, le conseil privé a une grande partie des attributions du conseil d'État, le conseil général vote le budget de la colonie et les chefs de service représentent assez bien les ministres.

Justice. — Une *cour d'appel* siège à la Basse-Terre et comprend dans son ressort 3 *tribunaux de 1re instance*, (Pointe-à-Pitre, Basse-Terre, Marie-Galante) et dix *justices de paix*, dont celles de Saint-Martin et de Saint-Barthélemy sont à compétence étendue.

Instruction publique. — Il existe à la Pointe-à-Pitre un lycée très florissant qui a été fondé en 1883. Une commission a qualité pour délivrer le baccalauréat dans la colonie même. En 1852 a été créé à la Basse-Terre un *collège diocésain* libre. A la Pointe-à-Pitre, un externat des Frères de la Doctrine chrétienne donne une partie de l'enseignement secondaire.

L'enseignement primaire est donné dans 95 écoles à 7.000 élèves, par 185 instituteurs. De plus l'enseignement primaire libre est donné à 2,000 élèves environ. L'enseignement primaire est donné à 6,000 filles par 115 institutrices ; il existe des pensionnats libres pour les filles, dont le plus réputé est celui dit de Versailles, dirigé par les sœurs Saint-Joseph-de-Cluny.

Une école professionnelle, annexée à l'école d'artillerie, existe à Basse-Terre depuis 1884.

Les services de l'enseignement ont à leur tête un inspecteur primaire, dont les attributions ont été définitivement réglées par décret de juin 1898.

La Pointe-à-Pitre possède encore le *musée Lherminier*, dont les collections d'histoire naturelle ont une valeur considérable.

L'Alliance Française a organisé dans la colonie des cours d'adultes pour les travailleurs de couleur.

Cultes. — Basse-Terre est le siège d'un **évêché** suffragant de l'archevêché de Bordeaux. La colonie compte 39 paroisses. Il y a deux *consistoires* : l'un (église réformée) au Marigot ; l'autre (méthodiste), pour Saint-Barthélemy et Saint-Martin.

Finances. — Le trésorier-payeur général est chef des services financiers, dont le fonctionnement est identique à celui de la Métropole.

Assistance publique. — Le service sanitaire a été organisé en 1880, il a à sa tête le directeur de la Santé, en résidence à la Basse-Terre. La colonie possède 12 hôpitaux ou hospices — dont le plus ancien est la *Léproserie de la Désirade*, fondée en 1728 — et 34 bureaux de bienfaisance.

Armée. — La garnison de la Guadeloupe et de ses dépendances comprend : une compagnie d'artillerie de marine et un détachement d'ouvriers d'artillerie de marine, deux compagnies d'infanterie de marine et une compagnie de disciplinaires sous le commandement d'un lieutenant-colonel, directeur de l'artillerie et de la défense des côtes. Ces forces seraient notablement insuffisantes, en cas de surprise, pour la défense d'une position aussi importante. Saint-Barthélemy ne compte actuellement qu'un peloton de 30 hommes de milice locale.

Quant aux ouvrages de défense, ils sont sans nulle valeur, sauf pour les Saintes, tant au point de vue des constructions que de l'armement.

Notes économiques et statistiques [1].

Climat et hygiène. — Le climat de la Guadeloupe comme celui de la Martinique, comprend 3 saisons : l'*hivernage*, ou saison des pluies, juillet à novembre, la *saison fraîche*, de décembre à mars, la *saison sèche*, de mars à juillet. La température moyenne est de 26°.

Les précautions hygiéniques propres aux pays tropicaux doivent être observées, principalement sur la côte.

La Guadeloupe possède de nombreuses sources minérales ; les unes salines (sources de la Bouillante, de Beauvallon, du Pigeon) et sulfureuses (sources de la Soufrière, de Matouba, de Sofaïr, de Saint-Charles).

Animaux et végétaux. — La Guadeloupe a les mêmes végétaux que la Martinique.

Les forêts, qui couvrent plus de 30,000 hectares, renferment près de 250 espèces de bois, dont plusieurs sont particulièrement propres à l'ébénisterie de luxe, et de nombreuses variétés alimentaires (*bananiers, arbres à pain, cocotiers, manguiers, orangers, figuiers, goyaviers, ananas*, etc.).

Il n'y a pas d'animaux sauvages.

Les vallées fournissent d'excellents pâturages aux chevaux de race créole, mélange de race mexicaine et de race arabe. Il y a dans l'île des mules, des ânes et des bœufs de petite taille, mais nerveux et excellents pour le trait et le transport.

Il n'existe pas à la Guadeloupe, comme à la Martinique, de ces redoutables serpents, qui infestent les plantations.

Le poisson, très varié et d'excellente qualité, pullule sur les côtes, et en particulier dans les eaux des Saintes.

Cultures. — Outre de nombreuses espèces d'arbres fruitiers, les caféiers, les cotonniers, les cacaoyers, les poivriers, les vanilliers, le tabac, le maïs, le manioc, la vigne sont l'objet d'une culture très soignée.

La canne à sucre constitue la plus importante culture. Les champs de cannes couvrent une superficie de près de 2,500 hectares, occupant plus de 40,000 ouvriers, et produisant en moyenne 55 millions de kilogrammes de sucre brut, 5 millions de mélasse et près de 4 millions de litres de tafia, le tout représentant une valeur d'environ 20 millions de francs.

Deux plantes, le *rocou* [2] et la

RÉCOLTE DE LA CANNE A SUCRE

1. Ces renseignements sont donnés pour compléter les notions élémentaires de l'école et servir aux colons et aux voyageurs.

2. **Le rocou.** — Le rocou est une jolie plante de la famille des flacourtiacées, propre à l'Amérique du Sud et aux Antilles. On reçoit surtout le rocou de la Guyane, de la Martinique et de la Guadeloupe. Cette matière colorante, d'un beau rouge vermeil, se trouve sur la partie extérieure des graines du rocouyer.

Le rocou renferme deux substances colorantes distinctes que

ramie sont depuis quelques années particulièrement cultivées sur une cinquantaine d'habitations par près de 2,000 ouvriers et donnent un produit qui dépasse 5 millions de francs.

Conditions du travail. — Les travaux de culture ne peuvent être exécutés que par les indigènes ou par les immigrés indiens et chinois, dont les salaires sont peu élevés. Toutefois le développement de certaines industries et l'application de procédés mécaniques chaque jour plus perfectionnés doivent encourager les ouvriers ajusteurs et mécaniciens à s'établir dans l'île. Malheureusement la vie matérielle est chère pour l'ouvrier européen.

Au point de vue agricole, des colons, pourvus d'un capital d'une vingtaine de mille francs, trouveraient aisément à faire fructifier leurs capitaux dans l'exploitation des arbres à fruits et surtout des plantes maraîchères d'Europe, qui se vendent un bon prix sur les marchés de l'île et dans les pays américains voisins.

Commerce et Industrie. — Le petit commerce (marché vivrier, épicerie, quincaillerie, bimbeloterie, cordonnerie, mercerie) est presque exclusivement aux mains des commerçants indigènes de couleur. Le grand commerce (articles de luxe, habillements, lingerie, armurerie, sucres, cafés, tafias, vanilles, etc...) est aux mains de maisons métropolitaines ou de sociétés métropolitaines de capitalistes en nombre très suffisant pour l'exportation des produits indigènes ou la vente des articles importés.

Le chiffre des *importations* s'élève à environ 20 millions, dont 10 millions 1/2 pour les entrées de France et 9 millions 1/2 pour les entrées de l'étranger. Les principaux articles d'importations sont : la farine de froment, les tissus et la lingerie, les dépouilles d'animaux, les vins, la bière, le riz, la morue, les huiles, la houille, les métaux, les machines et les engrais chimiques.

Les *exportations* balancent à peu près les importations. L'exportation du sucre, du tafia, du rhum, du café, de la vanille, du cacao s'élève à 17 millions ; celle du rocou, de la ramie, des huiles essentielles et des produits vivriers atteint 2 millions ; les poteries, les [illegible], les peaux figurent pour un chiffre d'environ 1 million.

LA SOUFRIÈRE A LA GUADELOUPE
Jets de vapeur.

Institutions de commerce et de crédit. — Une Chambre d'agriculture a été fondée en 1883 dans chaque arrondissement ; les [illegible] isolé et utilise [illegible] : l'oreilline, qui a une belle [illegible] orangé, et la bixine qui présente une nuance d'un vermillon vif. Toutefois les couleurs de rocou, employées surtout pour la teinture des toiles de tapis, ne résistent pas très longtemps à l'action de l'air et de la lumière, et pâlissent considérablement. Le produit du rocou est assez variable. On compte en moyenne 800 kilogrammes à l'hectare.

La ramie. — La ramie appartient à la famille de l'ortie. Originaire, dit-on, de la Chine, elle a été cultivée, à titre d'essai, dans presque toutes nos colonies, mais les difficultés de la décortication ont [illegible] cette culture. Aujourd'hui le problème semble résolu, car [illegible] a inventé des machines qui décortiquent la ramie assez rapidement et assez économiquement pour que l'exploitation puisse en être [illegible] avantageusement. Les fibres de la ramie donnent un fil d'une [illegible] parfaite et d'un soyeux remarquable ; combinées avec celles [illegible] chanvre, ces fibres donnent des toiles damassées de toute beauté [illegible] fournissent à l'industrie des rideaux et des tapis très recherchés.

membres en sont nommés sur présentation du Conseil général ou des Conseils municipaux.

Deux chambres de commerce ont été créées, l'une à Basse-Terre, l'autre à Pointe-à-Pitre.

Une société d'agriculture de 100 membres a sous sa dépendance des comices agricoles établis dans dix cantons.

Une commission des mercuriales fonctionne à Basse-Terre et à Pointe-à-Pitre.

En 1882 a été créé à Trianon, près la Basse-Terre, un jardin botanique et d'acclimatation.

Les principaux établissements de crédit sont : la *Banque de la Guadeloupe*, qui a le privilège d'émission de billets de 500, 100, 25 et 5 francs ; le *Crédit foncier colonial* ; une *Caisse d'épargne* qui fonctionne dans les mêmes conditions que celle de la Métropole.

Moyens de communications. — Basse-Terre et Pointe-à-Pitre sont reliées par une route le long de la côte (diligences) et par la mer (voiliers et service régulier de vapeur deux fois par semaine aller et retour). De nombreux chemins particuliers ou publics sillonnent l'île, l'intérieur seul de la Basse-Terre est mal frayé : un sentier circule à travers la montagne ; de plus, les principaux centres industriels sont reliés entre eux par un réseau téléphonique. Il n'existe pas de ligne ferrée publique dans la colonie, mais de nombreuses voies Decauville desservent les plantations.

Marie-Galante est en communication avec la Pointe-à-Pitre par un service régulier de vapeurs qui font le trajet cinq fois par mois. La Guadeloupe est reliée à la Martinique par des voiliers, des vapeurs à service irrégulier, et deux fois par mois régulièrement par les paquebots de la Compagnie Transatlantique qui font la traversée en 20 heures. Les communications maritimes avec la Métropole et avec le continent américain sont assurées par les mêmes moyens que celles de la Martinique, sauf une différence de 20 heures en plus ou en moins selon l'aller et le retour.

Conclusion. — L'abolition de l'esclavage, la concurrence des sucres de betterave, le désavantage des tarifs douaniers ont, à diverses époques, fait décliner la prospérité économique des Antilles, et les conséquences s'en font encore sentir. Toutefois, de notables améliorations peuvent être apportées à cette situation par un dégrèvement raisonné des taxes qui frappent les produits agricoles et industriels, et par la protection des produits de la colonie sur le marché français.

Si nos belles colonies des Antilles ne sont actuellement pour la Métropole qu'un domaine de rapport restreint, elles se recommandent tout particulièrement à l'attention de l'État par le patriotisme de leurs habitants, par leur importance stratégique de premier ordre, par leur situation exceptionnelle à l'entrée de la mer des Antilles.

En effet, tôt ou tard, le grand isthme américain sera percé. Soit par Panama, soit à travers le Nicaragua, l'océan Pacifique sera relié à l'océan Atlantique. Placées alors sur la plus belle route commerciale du monde, la Guadeloupe et la Martinique constitueront à la fois un marché d'une importance capitale et une importante position stratégique. Mais il faut que la rade des Saintes soit organisée pour remplir son rôle d'appui à nos escadres, en cas de guerre.

Aspect d'ensemble. — La **Guyane française** est limitée : au nord-est, par l'océan Atlantique ; à l'ouest par le fleuve Maroni qui la sépare de la Guyane hollandaise ; au sud et à l'est, elle confine au Brésil, avec lequel la frontière est en litige depuis 1713.

Toutefois, d'après l'art. 4 du traité préliminaire de Rio-de-Janeiro du 10 avril 1897, soumis à l'arbitrage du Président de la Confédération helvétique, on peut admettre que la frontière méridionale et occidentale de la Guyane commence au « *Riacho* » (rivière présumée Vincent-Pinçon qui se jette dans l'Atlantique), par 1° 30′ de lat. N., suit ce parallèle pendant 110 kil. par le lac *Lago-Novo* jusqu'au cours de la petite *Tartarugal*, puis longe le cours de l'*Araguary* jusqu'à la source de cette rivière, court à partir de ce point vers l'ouest, parallèlement à l'Amazone jusqu'à la rive gauche du *Rio Branco*, qu'elle suit jusqu'à sa rencontre avec le point extrême de la montagne *Acaray*, à 1,200 kilomètres de Cayenne dans le sud-ouest.

Avant le traité de Rio-de-Janeiro, la superficie des territoires incontestés de la Guyane française atteignait environ 120,000 kil. carrés ; la ratification de ce traité doublerait à peu près ce chiffre.

La Guyane française est une petite portion des immenses territoires qui constituent le massif des Guyanes, entre l'Orénoque et l'Amazone. La bande côtière est partagée entre l'Angleterre, la Hollande et la France. L'intérieur appartient : une partie au Vénézuéla, et pour la plus grande part au Brésil.

3

Résumé historique. — S'il faut en croire Gomara et d'autres auteurs espagnols, l'existence de l'Amérique aurait été révélée à Christophe Colomb par un vieux pilote breton, qui lui aurait fait du continent américain une description conforme à celle de la région comprise entre les bouches de l'Orénoque et celles de l'Amazone.

Premiers établissements de la France. — Toutefois les premières tentatives d'établissement des Français dans cette partie du monde ne datent que de 1604, époque à laquelle Henri IV chargea un gentilhomme gascon, *Adalbert de la Révardière*, de fonder un poste en **Ouyana** (terme indien dont est dérivé le nom de la Guyane). De la Révardière parcourut le pays, mais son expédition fut massacrée par les Caraïbes.

Vers 1610, eut lieu la prise de possession officielle de la Guyane par la France.

Diverses compagnies envoyèrent des expéditions, toutes trop peu nombreuses pour réussir et constituées d'éléments trop disparates. La *Compagnie rouennaise* jeta la première sur les côtes de la Guyane un certain nombre d'aventuriers qui, à l'exemple des « *conquistadores* » espagnols du xv° siècle, n'eurent d'autre but que de rechercher le légendaire El Dorado. Les plus célèbres de ces flibustiers furent *Poncet* et *Legrand*.

La *Compagnie de la France équinoxiale* envoya, en 1654, une cohue de miséreux et de forbans qui fonda Cayenne; les uns et les autres finirent par disparaître sous les flèches des indigènes et la morbidité du climat.

L'Anglais *Sprenger*, à la tête d'une expédition de Juifs hollandais, occupa les postes fondés par les Français; cette tentative, après quelques années de prospérité, eut le sort des précédentes.

En 1664, une nouvelle expédition française, envoyée par *Colbert* et dirigée par *de la Barre*, reprit possession de Cayenne; quelques mois après, la colonie fut attaquée par les corsaires anglais, qui prirent Cayenne, mais ne le conservèrent pas. Il en fut de même d'une attaque des Hollandais. Colbert donna alors l'Ouyana à la *Compagnie des Indes occidentales*. Après quelques essais heureux de colonisation, celle-ci se laissa entraîner à des entreprises extérieures et périclita.

La Guyane colonie française. — La Guyane fut alors rattachée au domaine de la Couronne. Cayenne fut reconstruite, et grâce à l'intelligente administration du marquis *de Férolles*, qui comprit que la colonisation devait demander à l'agriculture ses ressources primordiales, d'importants établissements agricoles s'élevèrent sur les territoires reconquis de l'Ouyana.

Cette prospérité subsista pendant une quarantaine d'années. A la suite des guerres européennes, Hollandais, Anglais, Portugais, envahirent tour à tour le pays et prirent Cayenne.

En 1713, le traité d'Utrecht limita les frontières de la Guyane française entre le Maroni au nord-ouest et la rivière Vincent-Pinçon au sud, laissant indéterminée la frontière intérieure. Or, la rivière désignée par le traité d'Utrecht sous le nom de Vincent Pinçon ne se trouve portée sur aucune carte annexe du traité.

Territoires contestés. — De cette imprécision des termes du traité d'Utrecht est issue la contestation, actuellement en voie d'arrangement, entre la France (qui a vu dans le Vincent Pinçon l'Araguary) et le Brésil, héritier des domaines sud-américains de la couronne de Portugal (qui prétend retrouver dans l'Oyapok la rivière en litige).

Dans la dernière partie du xviii° siècle, la colonie faillit deux fois nous échapper. L'expulsion des Jésuites, qui avaient fondé de splendides établissements au Kourou et à l'Oyapok, détermina le départ de la plupart des travailleurs; puis une expédition dirigée à la recherche de l'or dans la région du Kourou, sur l'initiative de Choiseul, de Praslin et de Turgot, frère du ministre, causa la perte de 12,000 personnes entraînées par un syndicat de spéculateurs vers des trésors hypo-thétiques, dont l'exploitation n'avait été l'objet d'aucune reconnaissance préalable.

Un honnête homme, le marquis de *Malouet*, chargé d'un rapport sur la Guyane, comprit les besoins de cet infortuné pays et fit de son mieux pour conjurer les conséquences du désastre du Kourou. Son excellente administration démontra qu'on pouvait tirer parti de la colonie en surveillant et dirigeant les entreprises d'émigration et de colonisation. Cela n'empêcha pas de nouveaux échecs de la colonisation sur le Cachipour et l'Approuague (1785-1788).

En 1789, la Guyane comptait pourtant 2,000 Français, 2,000 habitants de couleur libres, 2,000 Indiens civilisés et 12,000 esclaves nègres; son commerce dépassait 2 millions de livres (soit 10 millions de francs de notre temps).

Mais la loi d'affranchissement des esclaves en 1794 fut un désastre. En 1802, on dut rétablir l'esclavage, et c'est grâce à la traite des nègres que le travail des plantations put être repris. En 1836, l'interdiction de la traite, et, en 1848, l'abolition définitive de l'esclavage ruinèrent de nouveau la Guyane.

La main-d'œuvre noire fut remplacée peu à peu par le travail des condamnés, déportés de la métropole, et d'un certain nombre d'ouvriers asiatiques immigrés. Il suffit à peine encore aux travaux les plus indispensables. (*V. notes statistiques.*)

Le sol.

Ce qui frappe le plus à la Guyane, c'est la couleur du sol, rouge sombre. Il est formé, en effet, de roches à ravets, argile et grès ferrugineux mélangés.

Cette couche superficielle, consolidée par des cailloux roulés par les eaux et de riches débris de quartz, repose sur de la roche cristalline. Jusqu'à ce jour on n'avait fait que recueillir au hasard les fragments de quartz aurifère épars à la surface.

Aujourd'hui l'industrie guyanaise, grâce à des conditions économiques plus favorables, va pouvoir exploiter avec méthode les nombreuses veines aurifères, enserrées dans le gneiss et la roche cristalline du sous-sol.

Côtes. — Les côtes de la Guyane, de l'embouchure du Maroni à celle de l'Araguary, ont un développement de près de 600 kilomètres.

Elles sont généralement basses et formées de marécages alluvionnaires, où croissent en abondance les palétuviers et les palmiers *pépris*. Elles sont peu découpées et assez uniformes.

Les pointes les plus accentuées sont : la *pointe Française*, au sud de l'estuaire du Maroni, la *pointe Béhague*, les *caps d'Orange* et *Cachipour*, la *pointe Grande*, le *cap Nord* et la *pointe Grosse*, au sud de l'estuaire de l'Araguary.

Les échancrures de la côte sont formées par les estuaires des rivières : *estuaire du Maroni, rade de Cayenne, estuaires de l'Oyapok et du Cachipour, crique de Counani, estuaire de la grande Mapa.*

Au voisinage de la côte, entre l'Oyapok et l'Araguary, les rivières se sont étalées parfois dans le marécage et ont formé des lacs ou étangs, dont les plus importants sont : les lacs de *Kaw*, de *Mayacare*, de *Mapa*, de *Piratuba*, du *Roucou* et le *Lago-Novo*.

Au large des côtes, entre l'embouchure de l'Oyapock et celle du Sinnamary, un seuil sous-marin porte un chapelet de petites îles entourées de dangereux récifs. Elles bordent le littoral à une distance moyenne de 7 milles.

En venant du nord-ouest, on trouve : l'îlot dit *île Verte*, les *îles du Salut* (île du *Diable*, île *Royale*, île *Saint-Joseph*), les îlots de l'*Enfant-Perdu*, du *Père*, de la *Mère*, des *Mamelles*, du *Grand* et du *Petit-Connétable*. Ces îles stériles, constituées par des roches que balaie incessamment le raz de marée, sont salubres et servent de sanatorium aux établissements pénitentiaires de la Guyane.

Le relief du sol. — La topographie de la Guyane, du moins celle de l'arrière-pays, n'a pas encore été relevée d'une façon précise. Dans son ensemble, elle parait assez simple et se présente sous la forme d'un **plateau** peu élevé, dont les gradins sont dissimulés par la forêt équatoriale qui le couvre presque entièrement. A partir de la côte, le sol s'élève en effet, en formant trois zones que traversent d'innombrables cours d'eaux.

La première de ces zones, qui reste sensiblement au niveau de la mer sur une profondeur variant de 10 à 50 kilomètres, constitue les **Terres basses**; ce sont des savanes et des alluvions fertiles.

En remontant les cours d'eau, on se heurte à une première chaine de collines, dont les sommets principaux dépassent rarement 280 mètres ; monts de *Coumaribo*, de l'*Iracoubo*, du *Diable*, *mont de la Condamine*, *montagne du Plomb*, *montagne Plée*, *montagne d'Argent*, qui domine l'estuaire de l'Oyapok.

Au sud de cette ligne de hauteurs commence la deuxième zone, celle des **Terres moyennes**. Elles sont formées, comme les premières, d'alluvions dans la partie septentrionale; mais dans le sud les savanes sont coupées d'affleurements rocheux. Cette zone s'élève peu à peu, et, à 150 kilomètres de la côte, elle se redresse en arêtes, qui constituent une deuxième chaine (*montagnes Françaises*), ligne de partage entre le bassin du Maroni et les cours d'eau côtiers.

A part la *montagne Leblond* et la *montagne Magnétique* (280 mètres d'altitude), cette chaine est d'une hauteur uniforme de 200 mètres et vient mourir en une série de mamelons au *mont Toucouchi*, sur la rive gauche de l'Oyapock.

Elle sert d'appui au plateau, qui forme le **bassin du haut Maroni**, et qui est la troisième zone de la Guyane.

La ceinture méridionale de ce plateau est soutenue par la *Cordillère Roucouyenne* (*monts Tumuc-Humac*), ligne de partage des eaux de l'Amazone et de la Guyane, distante de près de 400 kilomètres de Cayenne; ses points culminants sont le *Piton Vidal*, le *mont Lorquin* et le *pic Crevaux* (380 mètres d'altitude).

Cette zone, traversée par le Maroni et ses nombreux affluents, est mal connue dans ses détails. On y trouve de vastes marécages couverts d'une luxuriante végétation, de longues savanes aux gras pâturages, et des mamelons arides où le quartz et le porphyre affleurent.

En résumé, le sol de la Guyane fertile dans son ensemble se présente sous la forme d'un plateau accidenté, mais non montagneux, dont l'altitude moyenne ne dépasse pas 300 mètres.

Les Eaux. — La Guyane est arrosée par un nombre considérable de cours d'eau, qui se fraient un passage à travers la forêt vierge.

La plupart peuvent être remontés et constituent les seules voies de pénétration dans l'intérieur du pays, mais ils sont coupés en général de rapides et de cascades que franchissent seules les légères embarcations des Indiens et des nègres *bosches*.

Dans la Guyane française proprement dite, seize rivières sont navigables sur un parcours variable; ce sont :

le **Maroni**, dont la principale branche, l'**Aoua**, prend sa source au mont Lorquin ;

la **Mana**, dont le bassin est compris entre les monts de Coumaribo et les montagnes Françaises ;

l'*Organabo*, l'*Iracoubo*, le *Counamama*, le *Corosony*, petites rivières qui descendent des monts Coumaribo ;

le **Sinnamary**, le *Malmanoury*, le *Coroni*, le *Caux*, le **Kourou**, le *Macouria*, la *rivière de Montsinéry*, le *Mahury* formé de l'*Oyak* et l'*Orapou*, l'**Approuague**, qui descendent de la montagne Leblond; l'*Ouanari;* enfin l'**Oyapok**, qui descend du pic Crevaux et reçoit sur son cours de 350 kilomètres de nombreux affluents, dont les plus importants sont le *Camopi*, le *Yaroupi* et le *Yaoué* (rive droite).

Le territoire contesté, entre l'embouchure de l'Oyapok et celle de l'Araguary, est également traversé par de nombreux cours d'eau : l'*Ouassa*, le **Cachipour**, le **Counani**, la *Carserenne*, la Grande et la Petite *Mapa*, et une quantité innombrable de rios, déversoirs des lacs marécageux qui couvrent la plus grande partie du pays entre la Grande Mapa et l'Araguary.

Climat. — La Guyane présente par excellence tous les caractères du climat tropical.

La saison sèche dure de juillet à décembre; le soleil brille dans un ciel sans nuages, desséchant toute végétation; le thermomètre varie entre 28 et 35°, avec des extrêmes de 30 et 38°.

La saison des pluies commence en décembre, mais c'est en mars, avril et mai que les pluies sont le plus abondantes. L'humidité de l'atmosphère est extrême et la chaleur devient étouffante; le thermomètre oscille autour de 35°.

Dans la région côtière, le long des savanes marécageuses, le climat est très malsain; la fièvre y règne à l'état endémique, l'anémie, la phtisie, les maladies du foie s'y développent avec une rapidité effrayante. La fièvre jaune sévit particulièrement à la fin de la saison des pluies.

Dans les iles qui longent le littoral et sur les Terres hautes le climat est salubre et l'Européen peut s'acclimater aisément à condition toutefois de prendre de rigoureuses précautions d'hygiène et de nourriture, d'éviter les travaux manuels violents et de rentrer tous les deux ou trois ans en Europe pour éviter l'anémie.

Population. — La population de la Guyane se compose d'Indiens, de noirs et d'Européens.

La race aborigène, Indiens aux jambes courtes, au torse allongé, à la peau cuivrée, aux longs cheveux plats, à l'ovale asiatique, a considérablement diminué. On trouve dans l'arrière-pays des tribus (*Roucouyennes*, *Émérillons*) qui forment encore des groupes de quelques milliers d'individus; d'autres (*Oyampis* et *Aramichau*) sont réduites à quelques familles.

A l'exception des *Oyacoulets*, peuplade guerrière qui s'est maintenue dans les savanes du haut Maroni, les populations indiennes ont reculé peu à peu devant les nègres africains, esclaves révoltés de la Guyane hollandaise, qui vinrent, à la fin du siècle dernier, se fixer dans les territoires du moyen Maroni, et y formèrent trois confédérations : *Youcas, Polygodoux* et *Bonis*.

Ces nègres, un des plus beaux types de la race noire, ont leurs villages au milieu des forêts, et exercent, avec plus de probité et d'adresse que les Indiens, le métier de convoyeurs sur les rapides des rivières guyanaises.

Indiens et nègres forment une population difficile à dénombrer, que l'on peut cependant évaluer de 8 à 9,000 individus.

La population européenne se répartit comme il suit :
Cayenne, 10,200 hab. — Sinnamary, 1,600 hab. — Mana, 1,700 hab. — Roura, 1,200 hab. — Approuague, 1,000 hab. — Macouria et Oyapok, 1,500 hab. Au total 17,000 environ. Dans les pénitenciers on compte environ 2,500 condamnés. On arrive ainsi pour la Guyane française proprement dite au chiffre de 30,000 individus, densité extrêmement faible en proportion des 120,000 kil. carrés de la colonie.

Quant à la population de la partie du contesté appelée à entrer dans notre domaine, il sera difficile de la recenser; mais elle est certainement inférieure au chiffre précédent.

Notes politiques et administratives.

Administration. — Comme nos autres vieilles colonies, la Guyane a été, jusqu'au 3 mai 1854 (régime des sénatus-consulte), soumise à une série de régimes d'exception. L'organisation actuelle est basée sur les ordonnances de 1828 et de 1832, modifiées successivement par les sénatus-consulte de 1854 et de 1866 et par les décrets de 1878 et de 1879.

Le pouvoir exécutif est aux mains d'un **gouverneur**, relevant du ministre des Colonies, et assisté d'un **Conseil privé**.

Ce conseil est formé d'habitants notables, désignés par décret et des principaux fonctionnaires (*directeur de l'intérieur, chefs du service judiciaire, du service administratif, et de l'administration pénitentiaire*).

Un *inspecteur des services administratifs* est chargé du contrôle financier et se trouve en rapport direct avec le ministre.

Concédé le 15 septembre 1870, retiré en 1875, le droit d'élire un **député** a été renouvelé à la Guyane le 8 avril 1877.

En 1878 un **Conseil général** a été institué; il compte dix-sept membres élus au suffrage universel.

Le régime municipal est soumis à la réglementation du 15 octobre 1879. La colonie compte 15 *communes*.

Le chef-lieu de la colonie est **Cayenne** (10,200 hab.), située dans l'île du même nom, à l'embouchure de la rivière de Montsinery et sur le bord du *canal de Crique fouillée*. Grâce aux travaux exécutés par le service pénitentiaire, Cayenne, quoique bâtie sur le rivage, possède un climat salubre.

Deux fois détruite par l'ennemi, au XVIIe et au XVIIIe siècle, incendiée en 1888, elle a été reconstruite sur un plan des plus heureux.

Sa rade est bonne, mais son port ne peut recevoir malheureusement que des navires d'un tirant d'eau inférieur à 4 mètres 25.

Justice. — Un *procureur de la République*, assisté d'un substitut, est chef du service judiciaire. L'organisation judiciaire comprend :

1o un **tribunal supérieur** (un président et trois juges), ayant au civil les attributions d'une Cour d'appel. Ce tribunal se constitue au criminel, avec les attributions d'une Cour d'assises, et s'adjoint dans ce cas quatre assesseurs désignés au sort sur une liste de vingt notables français dressée chaque année;

2o un **tribunal de 1re instance**, composé d'un juge-président, de deux lieutenants-juges et de deux juges suppléants;

3o **5 justices de paix**, dont une, celle de Saint-Laurent-de-Maroni, à compétence étendue.

Instruction publique et Cultes. — L'enseignement primaire est peu développé dans la colonie (6 écoles primaires). Les communes n'y sont pas encore toutes pourvues d'une école; il est vrai que la distance considérable qui sépare les habitations rendrait presque impossible aux enfants l'assiduité aux cours.

Il existe à Cayenne un assez bon *collège* universitaire et une *bibliothèque*, due à la libéralité de M. Franconi. Un *jardin botanique* et un *jardin d'essai* sont en voie de création.

Cayenne est le siège d'une *préfecture apostolique*.

Armée et Marine. — Cayenne possède une garnison composée de six compagnies d'infanterie de marine, d'une demi-batterie d'artillerie et d'un détachement de gendarmerie.

MAISON DE PLAISANCE DU GOUVERNEUR DE LA GUYANE FRANÇAISE, A BOURBA, PRÉS CAYENNE

Cette force armée sert plutôt à assurer la répression immédiate d'une rébellion des contingents pénitentiaires qu'à protéger le pays contre les tentatives d'invasion d'une puissance ennemie; la nature des côtes s'oppose d'ailleurs au débarquement ou au bombardement de Cayenne.

Les deux petits bâtiments de guerre, qui constituent la station navale de la Guyane, ont leur port d'attache à l'île Royale.

La colonie pénitentiaire. — Dès 1798, la Guyane fut choisie comme lieu de déportation par la première République; les 500 condamnés politiques de fructidor y furent transportés et y périrent presque tous. Le décret du 8 décembre 1851 lui donna la même destination en lui affectant des forçats en rupture de ban et des suspects affiliés à des sociétés secrètes.

Les décrets du 27 mars 1852 et du 30 mai 1855 firent de la Guyane une colonie pénitentiaire où pouvaient être internés tous individus condamnés à la peine des travaux forcés. Cette mesure fut la conséquence de la suppression des bagnes de la métropole.

Le gouvernement espérait ainsi, par cette immigration forcée de travailleurs, relever la situation économique de la Guyane et y faire exécuter les travaux de communication et d'assainissement nécessaires.

On peut évaluer à 150,000 le nombre des déportés européens et coloniaux qui y furent envoyés de 1852 à 1867. De 1867 (époque à laquelle la Nouvelle-Calédonie fut également désignée comme lieu de déportation) à 1887, la Guyane ne reçut plus que des condamnés de l'Algérie et des colonies : aussi le chiffre de la population pénitentiaire était-il tombé en 1887 à 3,500 transportés, en cours de peine ou en résidence forcée.

Le décret de 1885, relatif à la rélégation des récidivistes, assigna la Guyane comme centre de transportation pour les condamnés d'une constitution plus robuste et pour les coloniaux. L'introduction de cet élément européen vint améliorer le travail dans les ateliers.

Le décret du 15 avril 1887 établit définitivement la répartition des contingents entre la Guyane et la Nouvelle-Calédonie. Dans cette dernière colonie sont envoyés les individus de race européenne, condamnés à une peine inférieure à huit ans de travaux forcés, et un petit nombre de relégués à perpétuité. Les criminels condamnés à plus de huit ans de travaux forcés et le plus grand nombre des relégués sont envoyés à la Guyane.

Chaque année huit à neuf cents forçats prennent ainsi le chemin de l'Amérique du Sud. Ils sont embarqués à l'Ile de Ré sur des transports spécialement aménagés, et, après une traversée de trente jours en moyenne, sont débarqués aux Iles du Salut, à la *permanence* de Saint-Joseph. Là ils sont immatriculés, reçoivent leur vestiaire et sont désignés pour l'un des cinq établissements de la colonie par les soins de l'administration pénitentiaire.

L'île Royale est le centre principal des établissements: bureaux, magasins d'approvisionnements, ateliers de couture, de cordonnerie, de chapellerie, une briqueterie, un immense hôpital où sont évacués tous les malades des pénitenciers, un vaste parc où sont cultivés les légumes nécessaires à l'hôpital, un pénitencier où sont étroitement surveillés les incorrigibles et les mutins.

A l'île *du Diable,* il y a un hospice pour les lépreux, une usine pour la fabrication de l'huile de cocos, et une enceinte isolée réservée à certains condamnés.

Les trois autres établissements sont : **Cayenne**, le **Kourou**, **Saint-Laurent-de-Maroni.**

Le pénitencier de **Cayenne** est situé à 2 kilomètres de la ville. Il comprend des ateliers de literie, de corderie, et une briqueterie; c'est lui qui fournit à la colonie ou aux municipalités des ouvriers pour l'entretien et la confection des travaux d'utilité publique, et qui autorise l'engagement par des entreprises particulières des condamnés dont la conduite a été satisfaisante.

Un chantier pour l'exploitation des bois, installé à l'Orapou, et un établissement agricole, organisé à la montagne d'Argent, relèvent du pénitencier de Cayenne.

La colonie du **Kourou**, fondée à l'embouchure de la rivière de ce nom, possède de vastes magasins et de beaux ateliers pour la fabrication et la réparation du matériel agricole ainsi qu'une usine pour la préparation de la fécule de manioc.

A cet établissement sont rattachées les annexes de Pariacabo, où se sont développées de belles plantations de cacaoyers et de caféiers, et celle de Guatemala, chargée de la culture du manioc et des plantes fourragères nécessaires au bétail des belles étables de Possoura, de Karouabo, de Léandre et de la Roche-Élisabeth.

La population pénitentiaire du Kourou et de ses annexes est recrutée parmi les condamnés dont la conduite, antérieurement à leur jugement, n'a donné lieu à aucune plainte : c'est une colonie de réhabilitation morale.

L'établissement le plus important est celui de **Saint-Laurent-de-Maroni**, situé à 30 kilomètres de l'embouchure et sur la rive droite du fleuve. Il renferme les établissements de l'administration supérieure, des ateliers de toutes sortes, des étables, un bel hôpital, de grands jardins, une maison pour les femmes, des plantations de cannes à sucre, de manioc, et des usines pour la manipulation de ces produits.

Les condamnés, répartis entre ces divers établissements, sont divisés en 3 séries, d'après leurs notes de conduite. Quand ils ont franchi ces trois étapes de leur peine, chacune d'une durée minima de deux ans, et donné des preuves sérieuses d'amélioration morale, ils sont libérés conditionnellement, mais astreints à résider perpé-

tuellement dans la colonie. Ils reçoivent alors une concession territoriale qu'ils exploitent à leur profit, et, s'ils font acte d'initiative, de travail et de bonne volonté, ils recouvrent une partie des droits civils dont les avait privés leur condamnation.

Si la colonisation pénale n'a pas donné au point de vue de la transformation économique du pays tous les résultats qu'en attendait le législateur elle a du moins préparé, dans une large mesure, son relèvement. Grâce à la main-d'œuvre pénale, d'importants travaux de communications et d'assainissement ont été exécutés; certaines cultures ont donné de bons résultats, telles celles du manioc, du café, du cacao. Celle du sucre a subi le contre-coup de la crise qui sévit sur ce produit et n'a pas été des plus heureuses.

Notes économiques et statistiques.

Les productions. — Le sol de Guyane est très riche. Les Jésuites avaient, au xviiie siècle, fondé des établissements très productifs, et dont la chute a été l'une des causes de la crise actuelle. Aujourd'hui, en dehors des territoires mis à la disposition de l'administration pénitentiaire, le reste du pays est à peu près inculte. La forêt vierge couvre presque tout le pays; quelques savanes en forment les clairières.

Tous les fruits des tropiques, toutes les épices, toutes les plantes alimentaires, indigènes ou importées d'Europe et d'Asie (manioc, rocou, tabac, cannes à sucre, caféiers, cacaoyers, cotonniers, caoutchoutiers, etc...) ont été cultivées jadis avec succès et sont susceptibles de fournir de précieuses ressources : quelques plantations en témoignent encore.

La faune de la colonie est également fort riche. Les tapirs, les pacas, les kabiaïs, les agoutis, les pécaris, sans parler d'innombrables variétés de singes, les canards, les outardes, les poules sauvages et autres espèces comestibles pullulent à la Guyane.

Cependant les animaux de boucherie, dont l'élevage serait si facile dans les plaines herbeuses des hauts plateaux, arrivent sans exception de la Plata ou du Brésil. L'exploitation agricole manque de bras.

Cette lamentable situation est due à trois causes : 1º à l'abolition de l'esclavage, qui a supprimé la main-d'œuvre noire; 2º à l'absence des moyens de communications et de transports dans un pays où les rivières sont actuellement les seules routes ouvertes à travers la forêt; 3º à la découverte de l'or [1] qui a attiré sur les placers le peu de bras disponibles de la colonie.

---

1. **L'or.** — C'est en 1854 que la présence de l'or fut constatée dans les territoires de la Guyane : une sorte d'affolement s'empara des colons riches et pauvres. Ils partirent tous à la recherche du précieux métal.

Les gisements aurifères de la Guyane semblent inégalement répartis entre deux régions.

Dans le N.-O., entre le cours supérieur de la rivière Mana et le cours moyen du Maroni, on rencontre à la surface du sol de larges manches d'or; mais l'extrême irrégularité de distribution de ces gisements a rendu leur exploitation peu avantageuse; toutefois les nouvelles méthodes employées, au Transvaal par exemple, pour la fouille des champs aurifères, permettront de découvrir plus aisément les « poches » où les infiltrations souterraines ont entraîné et concentré le métal par désagrégation des terrains.

C'est à 400 kilomètres environ et sur le versant septentrional des monts Tumuc-Humac, dans le massif compris entre les sources du Maroni, du Sinnamary, de l'Approuague et du Camopi (affluent de l'Oyapok) que se rencontrent les plus riches filons aurifères. Ces filons sont à une profondeur assez considérable.

L'exploitation de ces gisements, qui intéresse l'avenir industriel de la Guyane, se développera aux conditions suivantes : 1º Créer des voies de communications, principalement des chemins de fer à voie étroite, permettant l'accès des placers et le transport du métal sur les quais de Cayenne, de Saint-Laurent-de-Maroni, ou de Saint-Georges de l'Oyapok; 2º assurer la main-d'œuvre par la fondation de *colonies agricoles* et le développement de l'*élevage*, afin de per-

Culture. — La culture des espèces alimentaires et industrielles indiquées plus haut couvre à peine 8,000 hectares.

L'exploitation des bois, malgré les bénéfices qu'elle donnerait, manque encore de méthode. Toutefois, depuis quelques années, par suite de la difficulté que rencontre le marché à s'approvisionner de gutta-percha en quantité suffisante, il s'est dessiné un courant très marqué de l'industrie française vers l'exploitation jusqu'alors très négligée de la *gomme de balata*. Le gouvernement, pour favoriser ce mouvement, a réglementé le 18 juillet 1895 les concessions aux entreprises industrielles de cette nature [1].

Commerce et industrie. — L'industrie actuelle se borne à l'extraction de l'or et à la manipulation dans quelques usines des dérivés de la canne à sucre.

Le commerce est loin d'atteindre les chiffres qu'on pourrait désirer.

Les exportations atteignent à peine le chiffre de 5,600,000 francs, dont 5 millions représentent la valeur de l'or exporté. Le reste porte principalement sur le balata, le rhum, le tafia, les bois odorants, etc...

Les importations ne dépassent pas 5,500,000 francs, dont 4,800.000 francs de produits français : elles portent sur les animaux vivants, les boissons, les fils, les tissus, la lingerie, le papier et généralement sur tous les objets nécessaires aux nombreux fonctionnaires de la colonie.

Pour faciliter les relations de commerce avec la métropole, le gouvernement a créé à Cayenne, en 1892, un *musée commercial*.

Établissements de crédit. — La colonie possède, depuis le 1er février 1854, une *Banque coloniale*, au capital de 600,000 francs, qui jouit du privilège d'émission de billets payables à vue et au porteur et reçus dans les caisses publiques.

La monnaie d'or et d'argent française a seule cours légal à la Guyane. Toutefois l'usage du sou marqué (0 fr. 10) jouit toujours d'une grande faveur dans le peuple, malgré les tentatives de suppression dont il a été l'objet.

mettre aux ouvriers des placers de vivre pour un prix suffisamment modique ; 3° garantir les propriétés et concessions minières par des dispositions législatives appropriées à la colonie.

1. Le *balata* est une substance qui tient à la fois de la gutta-percha et du caoutchouc ; elle a l'imperméabilité de la première et l'élasticité du second. Elle provient de l'arbre du même nom, de la famille des sapotacées. On extrait le lait de balata, comme le caoutchouc, en incisant l'écorce de l'arbre, qui donne 10 à 12 litres environ de lait par an ; deux litres de lait de balata donnent 1 kilogramme de balata coagulé. La coagulation s'opère, comme pour le caoutchouc, en traitant le lait par l'alcool ou les acides. Le balata est employé pour isoler les fils électriques : on en fait aussi des courroies de transmission d'une souplesse et d'une solidité remarquables. Enfin il est susceptible de vulcanisation comme le caoutchouc.

Outre la Banque de la Guyane, la colonie possède un comptoir des *Intérêts coloniaux*, société au capital de 300,000 francs versés.

Vie et main-d'œuvre. — Pour les raisons indiquées plus haut, les prix de la main-d'œuvre, et par conséquent de la vie, sont très élevés ; sur la mine et les chantiers, l'ouvrier indigène gagne de 3 à 9 francs par jour, plus le logement, la nourriture et l'hospitalisation. L'immigration africaine et indienne a complètement cessé depuis 1867, mais l'élévation des gages des domestiques a déterminé un courant d'immigration de femmes créoles des Antilles.

C'est principalement sur l'élément annamite et indo-chinois que l'on peut fonder des espérances pour le retour de la main-d'œuvre dans le pays. Ces coloniaux y trouveront un climat approprié et, grâce à leur sobriété et à leur instinct d'économie, ils rendront les plus grands services dans les entreprises publiques et privées.

Les ouvriers européens (de préférence mécaniciens, menuisiers, charrons, charpentiers) trouveront toujours à la Guyane une bonne rémunération de leur travail. Mais ils ne devront pas oublier que la vie y est très chère.

Communications. — Le 9 de chaque mois, un paquebot de la *Compagnie transatlantique*, partant de Saint-Nazaire, touche à la Martinique. De là un service annexe est organisé pour la Guyane avec escales à Sainte-Lucie, la Trinidad, Démérari et Surinam. La durée du trajet est de 20 jours.

La Guyane est reliée à la France par un câble télégraphique (15 fr. 55 par mot de 10 lettres).

Conclusion. — De nos vieilles colonies, la Guyane est celle dont la métropole a retiré jusqu'à ce jour le moins de profits.

Il suffirait pourtant d'un peu de suite et de bonne volonté pour en faire une colonie de grand rapport.

Pour atteindre ce but, il faut : 1° peupler le pays ; 2° assurer la vie matérielle des nouveaux colons ; 3° développer la main-d'œuvre à bon marché.

L'exploitation en grand des richesses forestières et minières de la région ne peut être entamée que lorsque ces premières conditions auront été réalisées.

La transportation pénitentiaire n'est pas un mode de colonisation. Sauf de rares exceptions, les condamnés ne peuvent pas constituer un fond sain de population. D'autre part, de petits colons (agriculteurs, entrepreneurs, petits industriels) ne peuvent lutter contre le climat et les conditions économiques du pays.

Il faut, pour peupler le pays, faire appel à un troisième élément. La population indo-chinoise est éminemment propre à l'acclimatation en Guyane, elle fournit des travailleurs sobres, vigoureux et dociles ; c'est donc là qu'il faut puiser.

Sur cette colonisation agricole viendront se greffer les *entreprises industrielles* qui conviennent seules aux Européens, et qui assureront la prospérité à la Guyane.

OUVRAGES RECOMMANDÉS
POUR LES ÉCOLES DES COLONIES

Syllabaire méthodique, applicable à tous les modes et à tous les procédés d'enseignement, par U. AUVERT, inspecteur primaire à Paris. Nouvelle édition, grand in-18 illustré, cartonné.. » 50

Premières lectures des petits enfants, syllabées et suivies de leçons d'après la méthode Froebel, par E. DUPUIS, in-12, avec illustrations, cartonné.. » 65

Premières leçons de choses usuelles, à l'usage des enfants de 7 à 9 ans, par E. DUPUIS, in-12 illustré, cartonné..... » 80

Premier livre de lecture (*Cours supérieur*), par CAZES, in-12 illustré, cartonné.................................... » 60

Deuxième livre de lecture (*Cours supérieur*), par CAZES, in-12 illustré, cartonné................................. » 80

L'Écriture pour tous. Nouvelle méthode en 10 cahiers, le cahier.. » 10

Le Langage en actions. Méthode de langage et de lecture. par H. FERRIER, directeur de l'enseignement de l'Inde française. *Livre de l'Élève*, » 80. — *Livre du Maître*, in-12, cartonné.. 1 50

Cours de français à l'usage des écoles d'Orient, par PELTIER-BEY, directeur de l'École normale et du lycée Tewfick (Caire), et E. CHEVALLEY, professeur à l'École normale et au lycée Tewfick.

    Première année, in-12, cartonné, illustré... 1 »

    Deuxième année, in-12, cartonné.. 1 50

    Troisième année, in-12, cartonné... 2 »

Dictionnaire général de la langue française, par GUÉRARD et SARDOU, in-18 raisin, relié percaline................. 1 90

Lectures courantes des écoliers français. La famille. — La maison. — Le village. — Notre pays, par CAUMONT, in-12, cartonné.. 1 50

    Édition spéciale pour l'Algérie (TOUBIN). — Indo Chine (BRUNET). — Réunion (CINGET).

Le Petit Paul. Exercices d'invention et d'observation, par F. REUSSE et J. SCALBERT, in-12, cartonné................ 1 20

La France en zigzag, par E. DUPUIS, illustrations de B. DE MONVEL, in-12, cartonné................................ 1 50

Autour du Monde, par E. DUPUIS, nombreuses illustrations, in-12, cartonné.. 1 50

Lectures patriotiques, par J.-D. LEFRANÇAIS, in-12. cartonné.. 1 25

Livre de lecture (*Cours élémentaire*), par CAZES, in-12 illustré, cartonné..................................... 1 10

Livre de lecture (*Cours moyen*), par CAZES, in-12, cartonné.. 1 60

Livre de lecture (*Cours supérieur*), par CAZES, in-12, cartonné.. 1 80

Récitation. Choix d'exercices de mémoires, par CAUMONT, in-12, piqûre... » 30

Récitation (*Cours élémentaire*), par CAZES, in-12. cartonné.. » 36

Récitation (*Cours moyen*), par CAZES, in-12, cartonné.. » 50

PETITES CARTES MURALES (Cartes NIOX).

Dimensions : $1^m \times 1^m,25$.

ANCIEN MONDE (*Europe, Asie, Afrique*).
NOUVEAU MONDE (*Amérique, Océanie*).
EUROPE POLITIQUE.
FRANCE POLITIQUE.
FRANCE PHYSIQUE.
FRANCE (*Région du NORD*).
FRANCE (*Région du SUD-OUEST*).
FRANCE (*Région du SUD-EST*).
FRANCE (*Région du NORD-EST*).

FRANCE (*Région du NORD-OUEST*). En préparation.
FRANCE (*Région du CENTRE*). En préparation.
EUROPE PHYSIQUE.
ASIE.
AFRIQUE.
AMÉRIQUE DU NORD.
AMÉRIQUE DU SUD.
LES ALPES. En préparation.

MÉDITERRANÉE. En préparation.
EUROPE CENTRALE. En préparation.
ALGÉRIE ET TUNISIE.
COLONIES FRANÇAISES (*Sénégal, Soudan, Indo-Chine, Madagascar*).
INDO-CHINE.
MADAGASCAR.
AFRIQUE OCCIDENTALE ET CENTRALE FRANÇAISE. En préparation.
LE LEVANT (*Écoles françaises du Levant*).

Chaque carte sur papier simili-japon indéchirable, bordée toile, avec œillets et baguette : **3 75.**

Les mêmes cartes : Nos 1, 2, 3, 4, 5, 9, 10, 13 et 14, avec carte muette en bleu au verso. Chaque carte : **4 50.**

Appareil en fer, pour suspendre les cartes : **1 75.**

Une édition des mêmes cartes, avec de belles illustrations en couleurs, représentant les types et costumes des armées et des flottes des différents pays, dues au crayon d'un de nos plus remarquables artistes, M BOMBLED, est en cours de publication. Sont en vente :

EUROPE. — **Types des armées** Russe, Austro-Hongroise, Grecque, Turque. (Scène de combat.)
FRANCE. — **Armée Française.**
FRANCE. ***Frontières du NORD et du MIDI.*** — Types des armées Anglaise, Belge, Hollandaise, Espagnole.
FRANCE. ***Frontières du NORD-EST.*** — Types de l'armée Allemande. (Scène de combat.)

FRANCE. ***Frontières des ALPES.*** — Troupes Alpines Française et Italienne.
ALGÉRIE ET TUNISIE. — Types de l'armée d'Algérie. (Scène de combat.)
COLONIES. — Types des troupes coloniales indigènes. (Scène de combat.)

Chaque carte, bordée toile : **6 75.**